Alexander Bloethner

Kamen die Reussen von der Unstrut?

Das Kloster H O M B U R G
bei Bad Langensalza
und seine Gründer

Neuere Untersuchungen zu den
Vorfahren der Vögte von Weida

Aus der Reihe: Plothener Hefte zur Thüringer Regionalgeschichte Band 12

Über den Autor:
Alexander Bloethner M. A. (phil), geboren 1974 in Schleiz, hat an der Universität Jena ein ›Studium Generale‹ mit Schwerpunkt auf Geschichte und Soziologie absolviert und verfasst Bücher über Lebensphilosophie, Sagen, Regionalgeschichte, Landschaftsmythologie, aber auch über Alltags-, Sozial- und Wirtschaftsgeschichte.

Tannhäuser
Alexander Blöthner
3. überarbeitete und
erweiterte Auflage
Plothen 2017

HERSTELLUNG UND VERLAG: B o D – BookS on DemanD Norderstedt
ISBN-Nr. 978-3-74317-635-5

ALLE RECHTE VORBEHALTEN

Inhaltsverzeichnis

Seite

I. Einleitung
Grundproblematik..................5
Die Herren von Weida im Elsterland..................6
Was weiss die bisherige Forschung über die Herkunft der Reußen?..........7
Forschungsgeschichte zu Homburg..................9
Methodik..................10

II. Was sagen die mittelalterlichen Handschriften?
Quelleninhalt..................11
Quellenkritik..................15

III. Gründungsmythen, Ersterwähnung, Ausstattung, Abtei und Vogtei des Klosters
Legendäre Stifter..................21
Erste Erwähnung von Homburg..................22
Wie groß war die Homburg?
Zur Gründungsgeschichte des Klosters..................23
Homburg ein unbdeutendes Kloster?..................25
Die Abtei
Die Vogtei..................26
Welfische Lehen und deren Inhaber im Umfeld Homburgs..................28
Zur Besitzgeschichte der Nachbarschaft..................29

IV. Status und Besitzumfang Heinrichs von Weida
Güter in Körner, Bremendorf und Bogisile..................31
Das Kloster Volkenroda..................32
Besitzauflassung wegen Auswanderung?..................36
Besaß Heinrich von Weida ein Lehen zu Saalfeld?..................48
Der Umfang der Grundherrschaft Heinrichs von Weida..................37
Die Wüstung Wida bei Mühlhausen – Stammsitz derer von Weida?........38
Wo befand sich die erste Burg derer von Weida..................40
Exkurs [spätere Weidaer im Unstrutraum]..................41
Personelle Verbindungen zwischen Unstrutgebiet und Elsterland..........43

V. Heinrich von Weida – ein Dienstmann von . . . ?
Klostergründung Homburgs von den Vorfahren Kaiser Lothars?..............44
Fragen zur Genealogie Lothars von Süpplingenburg..................45
Zur Genealogie von Lothars Mutter Hedwig von Formbach
Zur Genealogie von Lothars Vater Gebhard von Süpplingenburg
Klostergründung Hedwigs nach dem Tod ihres Mannes?..................47
Kaiser Lothars Geburt und Kindheit
Stammte Homburg aus dem Erbe von Lothars Mutter?..................48

3

Die Klosterpolitik Lothars von Süpplingenburg..........................48
Heinrich von Weida ein Ministerialer Kaiser Lothars?..................50

Klostergründung von den Vorfahren der Kaiserin Richenza?...........53
Die Stiftungen Gertruds der Älteren..54
Welche Erbteile Gertruds d. Ä. entstammen der Homburger Stiftung......55
War Homburg ursprünglich nun altbraunschweigisches,
northeimerisches oder boyneburgisches Besitztum?
Welche Beziehungen hatte Heinrich der Stolze zu Homburg?.................56
Homburg im Besitz der thüringischen Ahnen Gertruds d. Ä.?................57
Die Verwandtschaftsbeziehungen zwischen Brunonen und Orlamündern

War Heinrich von Weida ursprünglich ein Reichsministerialer?............58
Ist Homburg dem Reich entfremdet und ›privatisiert‹ worden?
Homburg im königlichen Tafelgüterverzeichnis?..........................59
Ein Fürstentag in der Kaiserpfalz Homburg im Jahre 1073?
Reichsministeriale, königlicher Besitz im Umfeld Homburgs.................60
Exkurs

VI. Schlussteil – Zusammenfassung der Untersuchungsergebnisse
Mögliche Klostergründer:
Karl der Große – Die Brunonin Gertrud – Lothars Ahnen.......................61
Zum Besitzkomplex derer von Weida um Homburg..........................62
Zum Besitzkomplex derer von Weida in Volkenroda, Wida, Herzogswald 63
Zur Ministerialenfamilie von Weida

Epilog: Die Ende des Klosters Homburg im Bauernkrieg 1525...............64
Ausblick: Von den Herren von Weida zu den Fürsten Reuß...................65

VII. Anhang
Abkürzungen..68
Bibliographie...69
Quellennachweise...74
Perspektivische Karte..91

Einleitung

Die Landstraße von Bad Langensalza nach Thamsbrück/Unstrut passiert ein kleines bewaldetes Tälchen, dass linkerhand an einer Hochebene endet. Rechts vom Wege befinden sich unterhalb des ›Böhmen‹ zwei Teiche. Nur wenige wissen: Vor langer Zeit thronte hier oberhalb der Straße eine beachtliche Klosteranlage, ›Homburg‹ genannt. Wer von oben den Blick Richtung Süden schweifen lässt, gewahrt Felder und Gewerbegebiete bis nach Ufhofen hin. Hier [bzw. nach Nägelstedt zu] wurde vor über 900 Jahren eine der großen Schlachten des Mittelalters geschlagen.
Anfürsich war das, der Regel des Heiligen Benedikt folgende Stift eines der weniger bekannten Klöster in Thüringen. Von ihm ging weder eine kirchliche Reformbewegung aus – wie etwa vom benachbarten Kloster Volkenroda – noch begründete es Niederlassungen. Seine Geschichte wäre allenfalls für Regionalhistoriker interessant, wenn nicht in alten Klosterurkunden wiederholt der Name eines Mannes auftauchte, dessen Geschlecht in der unmittelbaren Umgebung des Klosters seinen Anfang genommen zu haben scheint. Damit ist nicht etwa ein König oder mächtiger Herzog gemeint, der dem Kloster bedeutende Schenkungen gemacht hat. Nein, es war ein zunächst wohl unfreier Dienstmann, der als Vertrauter seines Herrn bald selbst Macht und Besitz erwerben konnte. Seine Nachfahren regierten noch bis 1918 zwei kleine Fürstentümer zwischen oberer Saale und Weißer Elster. Es handelt sich um Heinrich von Weida, einen Urahn des reußischen Fürstenhauses.

Grundproblematik

Bei der Suche nach den Vorfahren der Vögte zu Weida und späteren Fürsten von Reuß (ab 1778/1806) kommt man an den Urkunden des Klosters Homburg nicht vorbei. Nirgendwo sonst lassen sich für die Zeit bis 1150 so viele Besitztümer einer Familie von Weida nachweisen, wie im Unstrutraum. 1143 schenkten die Herzogin Gertrud die Jüngere von Sachsen und deren Sohn **Heinrich der Löwe** [1129–1195] dem Kloster Homburg einen Wald sowie eine Kapelle. Beides war zuvor als Lehen der Herzogsfamilie in Besitz eines Heinrich von Weida, dem Sohn des **Erkenbert**, gewesen. Da abgesehen von dem Testat eines **Erkenbert von Weida** 1122[1] zu Plauen keine früheren Erwähnungen dieses Namens bestehen, wird vermutet, dass die Familie von Weida der Homburger Umgebung entstammte[2] und später an der Weißen

Elster zwischen Gera und Greiz eine neue Heimat gefunden hat. Solche Ortswechsel waren zu jener Zeit nicht ungewöhnlich: Während das thüringische Kerngebiet seit Jahrhunderten ›zersiedelt‹ und mehr oder weniger ›in fester Hand‹ war, schien in den unerschlossenen Slawengauen jenseits von Elbe und Saale noch ›alles möglich‹ zu sein. Im 11. und 12. Jahrhundert konnten ›schlagkräftige‹ und ehrgeizige Männer dort schnell zu Macht und Ansehen gelangen.[3] Doch zurück an die Unstrut: Hier stoßen wir nördlich von Mühlhausen nahe dem Ort Windeberg auf die Überreste eines – allerdings erst im 13. Jh. urkundlich erwähnten – Dorfes namens ›Wida‹. Das führt uns zu folgender Problematik: Wenn nun die damals noch unfreien Ministerialen von Weida als Dienstleute der späteren Welfen Besitztümer im Umfeld Homburgs besaßen, bleibt zu fragen, woher diese ursprünglich stammen?

Man könnte die Gründungsurkunde des Klosters Homburg heranziehen bzw. aus den ersten Urkunden des Klosters ermitteln, ›**wie das ehemals unfreie Geschlecht derer von Weida an die Welfen kam**‹. Doch findet sich keine solche Stiftungsurkunde. Die ersten Klosterurkunden liefern widersprüchliche Angaben über die Gründer bzw. vormaligen Besitzer der Homburg. Waren die Ritter einer vormaligen ›Homburg‹ die ersten Dienstherren derer von Weida? Kamen die ›Weidaer‹ erst mit den Vorfahren des welfischen Hauses in diese Gegend? Wenn ja, haben sie vorher der Familie Kaiser Lothars oder den Ahnen seiner Gemahlin der Brunonin[4] Richenza gedient? Ebenso könnte Homburg ein Königsgut gewesen sein oder einer anderen Adelsfamilie gehört haben, deren Erbe später den Süpplingenburgern bzw. den Brunonen zugefallen ist.

Die Herren von Weida im Elsterland

Die Herkunft jenes besagten – 1122 in einer Urkunde über die Kirche zu Plauen als Zeugen aufgeführten – Erkenbert von Weida lässt sich eindeutig auf das Weida im Elsterland beziehen. Dieser Ort befindet sich südlich der Stadt Gera. Eine spätere Chronik teilt überdies mit, dass ein Besitztümer der Familie von Weida wenige Kilometer von da entfernt in Veitsberg bei Wünschendorf[5] – wohl im Zuge der ›Kolonisierung‹ des Osterlandes – innerhalb weniger Jahrzehnte mehrere Male von konkurrierenden Rittern zerstört wurden. An der heute noch vorhandenen imposanten ›Osterburg‹ in Weida lassen sich keine baulichen Reste aus jener Zeit mehr erkennen. Der Burgkern war wiederholt ummantelt worden. Die frühesten Scherben, die 2009 bei Ausgrabungen im Bergfried dort geborgen wurden, stammen aus dem ersten Drittel des 12. Jh., also aus jener Zeit, in der Erkenbert von Weida erstmals urkundlich erscheint. – Weitere Ausgrabungen im Burgbereich sind auf slawische Keramik des 10. sowie frühdeutsche Keramik des 11. Jahrhunderts gestoßen, die auf eine ältere Anlage an dieser Stelle hindeuten.[6] Im Gegenzug lässt die baugeschichtlich bemerkenswerte Veitsberger Kirche auf einer strategisch günstigen Erhebung über dem Elsterfluss – welche auf einer vormaligen Wallanlage errichtet worden sein dürfte – bezüglich der Zeit ihrer Errichtung – keine eindeutigen Schlüsse zu, ebensowenig ein weiterer, gleichfalls exponiert gelegener sehr alter Bau in Weida, die Ruine der Widenkirche an der ehemaligen Stadtmauer.[7]

Die heute noch als Torso vorhandene – in ihren gewaltigen Ausmaßen nur mit dem Naumburger Dom vergleichbare – Klosterkirche zu Mildenfurt (gestiftet 1193) sowie die kläglichen Ruinen des Nonnenklosters zu Cronschwitz entstammen späterer Zeit und dokumentieren lediglich, den inzwischen erreichten Status der Vögte von Weida, die nun selbst Eigenklöster errichteten, deren Ausmaße hinter den Bauten von Königen und Herzögen nicht zurückstanden.

Was weiss die bisherige Forschung über die Herkunft derer von Weida?

Drei Theorien seien in diesem Zusammenhang erwähnt:
- Der sicherlich älteste ›historische Ansatz‹, eine Weidaer **Sage**, sieht den ältesten Vorfahren der Vögte von Weida in einem durch Glück zu großem Reichtum gekommenen Veitsberger Einwohner.[8]
- **Schmidt**[9] (1883) glaubte, die Herren von Weida seien vom Unstrutraum ins Elsterland abgewandert, nachdem sie sich von ihren dortigen Besitztümern, welche vornehmlich in den ersten Urkunden des Klosters Homburg dokumentiert sind, getrennt hätten. Mit dem Verkaufserlös könnten sie dann Gefolgsleute angeworben sowie Waffen und Ausrüstung für ein ›Kolonisationsunternehmen‹ im Slawenland beschafft haben.

Hauptbelege dieser These sind eine Plauener und eine Homburger Urkunde von 1122 bzw. 1143, welche dahingehend gedeutet werden können, dass jener 1122 zu Plauen testierende Erkenbert von Weida der Vater des 1143 in Homburg erwähnten Heinrich von Weida ›*dem Sohn des Erkenbert*‹ gewesen ist. Ausser der einseitigen Interpretation der Quelle des Domherren Arnold von

Quedlinburg (Mitte 13. Jahrhundert) gibt es dafür bisher jedoch kaum weitere Belege.[10]
Gegen die Befunde Schmidts steht die Annahme, dass mehrere Familien gleichen Namens sowohl an der Unstrut, als auch an der Elster existiert haben könnten, die abgesehen von der Namensgleichheit nichts miteinander zu tun hatten. Ebenso steht dem jener lokalhistorische Ansatz entgegen, wonach der Name ›Weida‹ nicht zwangsläufig mit einem auswärtigen Adeligen ins Elsterland gekommen sein muss, sondern schon immer ebenda verortet gewesen sein kann,[11] wonach sich der über diesen Teil des Elsterlandes gebietende frühdeutsche Grundherr gleichwelcher Herkunft einfach nur nach seinem dortigen Herrensitz bzw. dem ursprünglichen, aus der Silbe ›Vidu‹ gebildeten Namen des Landstrichs benannt hat, der – sei es ursprünglich oder infolgedessen – auch in den drei für diesen ersten Herrensitz infrage kommenden Burgorten Veitsberg, Weida (Osterburg) und Weida (anstelle der späteren Widenkirche) gleichermaßen enthalten ist.

• Auch **Neumeister** (1997) beweist anhand einer Urkunde von 1209/1230, in welcher ein ›*H. Advocatus de Wida*‹ in den Verkauf einer Mühle involviert ist, die Annahme, dass die in den Homburger Urkunden genannten Herren von Weida später in den Eliten der Stadt Mühlhausen aufgegangen und nicht ins Elsterland ausgewandert sind.[12] Unter seinem Einwand, es habe viele Familien mit diesem Namen gegeben, ebenso zu viele ›Heinriche,‹ schien schon Schmidts These zu weit ausgeholt.

• Bereits **Cohn** (1869) war davon ausgegangen, dass die in den Urkunden Heinrichs des Löwen im Umfeld von Homburg erwähnten Weidaer und jene 1209/30 zu Mühlhausen erwähnten Honoratioren,[13] – trotz einer Zeitspanne von 4 Generationen – ein- und derselben Familie enstammten.[14] Schwachpunkt dieser These: Die Herkunft dieser anderen Familie von Weida wird nicht hinreichend geklärt. Die Frage, ob die in den Homburger Urkunden erwähnten Weidaer später in der Mühlhäuser Patrizierschaft aufgegangen sind bzw. nur einen Nebenzweig dieser Familie darstellten, welcher nach 1143 im Unstrutraum verblieben ist, kann anhand der spärlichen Informationen nicht wirklich beantwortet werden. Es gibt kaum zeitgenössische Quellen und wenn dann nur Zeugenlisten. Erst mit der Gründung des Klosters Mildenfurt an der Elster gibt es eine breitere – allerdings nicht unzweifelhafte – erzählerische Überlieferung zur Herkunft der Vögte von Weida. Dies führt uns zu einem dritten historischen Ansatz:

- Die Geschichte des Domherren **Arnold von Quedlinburg**[15] um die Stiftung des Klosters Mildenfurt an der Elster im Jahre 1193 verweist auf eine Herkunft derer von Weida aus dem Harzraum. Danach weilte einstmals ein gewisser Graf Erkenbert von Osterode im Auftrag des Kaisers im elsterländischen Herrschaftsgebiet des Grafen Attribo.[16] Dieser, an jenem »*mannhaften und klugen Herren gefallen findend, verband seine Tochter Jordana*[17] *mit ihm*«. Nach dem Tod des Pfalzgrafen erbte Erkenbert dessen Land an der Elster als kaiserliches Lehen, während seinem Sohn Heinrich[18] später die Herrschaft Osterode zufiel. Dieser Graf Erkenbert wird mit Erkenbert II. – dem Bruder des in die Landgeschäfte mit dem Kloster Homburg involvierten Heinrich von Weida – gleichgesetzt.[19] Wie an den Textnoten zu sehen ist, wurde dabei ein historischer Bezug zwischen Persönlichkeiten hergestellt, die zu verschiedenen Zeiten gelebt haben.[20] Der einzige Verweis zum Unstrutraum besteht darin, dass Pfalzgraf Friedrich, der Vater der erwähnten Jordana in Dingelstädt, in der Nähe Mühlhausens gestorben ist.
- Auf dieser Basis gehen die Herren **Jörn** davon aus, dass die ersten Angehörigen der Familie jenem Wieda bei Osterode im Harz entstammten, zumal ein – allerdings örtlich umstrittenes (wahrscheinlich befestigtes) – Gut namens ›*Kaminatha*‹ den Besitz Heinrichs von Weida zugeschrieben und in dem Gebiet um Wieda angesiedelt wurde.[21] Erhärtet wird diese Vermutung ferner durch dem Umstand, dass diese Gegend zu jener Zeit ein wichtiges wirtschaftliches Zentrum (Bergbau) der gleichen Familie war, der – wie wir noch hören werden – auch das Ausstattungsgut für das Kloster Homburg gehörte. Ausserdem wird betont, dass auf dem Gelände der Wüstung Wida im Unstrutgebiet in der Tat keine Anzeichen einer befestigten Anlage festzustellen sind, wo die Vorfahren der Vögte von Weida ihren räumlichen Anfang hätten nehmen können.

Forschungsgeschichte zu Homburg

Die früheste Monographie über das Kloster Homburg und dessen Stifter wurde bereits am Ende des 18. Jahrhunderts von Diaconus **Kranichfeld** verfasst. **Göschel** hat in seiner Chronik der Stadt Langensalza das Thema weiterbehandelt. Er ging noch von der Gründung des Klosters durch Kaiser Karl den Großen [†814] aus. Das erste Urkundenbuch über das Kloster Homburg wurde von **Förstemann** ediert, der die widersprüchlichen Angaben über die Klostergründer lediglich zur Kenntnis nahm, aber nicht verfolgte.

Das geschah erst in den Darstellungen von **Wenzel** und **Meyer von Knonau**, die der Ansicht waren, die Mutter Kaiser Lothars [1125–1137], Hedwig geb. von Formbach, habe das Kloster nach dem Schlachtentod [1075] ihres Gemahls vor Homburg gegründet.
Jordan hingegen äusserte sich vorsichtiger, wonach das Problem nicht zu entscheiden sei. Indirekt neigte er aber zu der Aussage, Homburg sei eine brunonische Gründung, weil diese Familie auch sonst in der Gegend wohl begütert gewesen sei.
Dabei baute er auf eine Karte von **Hüttenbräuker**, die sich wiederum allein auf die Aussage einer Urkunde von 1142 verließ und die Brunonin Gertrud d. Ä. als Stifterin des Klosters ansah.
Dagegen hielt **Vogt** zwar beide Möglichkeiten für wahrscheinlich, berief sich aber letztenendes auf Hüttenbräuker. Spätere Forscher sind ihm darin gefolgt.
Erst **Brüsch** wog – von einschlägiger Beweispflicht befreit – beide Gründungsvarianten gegeneinander ab und konstatierte: Die brunonische Variante sei zwar nicht unwahrscheinlich, doch spreche mehr dagegen als dafür, zumal die These einzig von der Urkunde von 1142 gestützt werde.

Methodik

Leider ist die Quellenlage zu dünn und zu widersprüchlich, um sich auf die Klosterurkunden jener Ära (zwischen 1136 und 1143) beschränken zu können. Man ist auf spätere Urkunden des Klosters bzw. auf jüngere Chroniken angewiesen. Beides ist zwar von untergeordnetem Aussagewert, aber dennoch nicht ohne Bedeutung. Zudem werden archäologische Befunde berücksichtigt.
Es wird schwierig sein, in dieser Frage einen klaren Standpunkt einnehmen zu können. Eher müssen Wahrscheinlichkeiten abgewogen werden, welche Personen oder Familien als Klostergründer in Betracht kommen. Um nicht zu weit ins Feld der Spekulation abzudriften, versuchen wir zu jeder aufgestellten Vermutung auch Gegenthesen zu formulieren. Ziel ist es, die verschiedenen Theorien der neueren und älteren Forschung auf ihre Stichhaltigkeit hin zu überprüfen und gegebenenfalls zu relativieren. Der Leser kann hieran ersehen, wie Geschichtsforschung im Grunde funktioniert und auf welcher Grundlage unser heutiges ›Mittelalterbild‹ eigentlich basiert. Die Arbeit ist somit eine Art ›Werkstattbericht‹, der klären will, welche Quellen, Sekundärdarstellungen, Biographien etc. überhaupt zum Thema: ›Homburg und seine Gründer‹ brauchbare Aussagen liefern können. Das mag die Zugänge für spätere Forscher ein wenig erleichtern.

Was sagen die mittelalterlichen Handschriften?

Besprechen wir zu Beginn den Inhalt der wichtigsten Quellen: Bei der Sondierung des relevanten Quelleninhalts ist zunächst einmal zu untersuchen, was von diesen Überlieferungen zu halten ist und unter welchen Umständen sie überhaupt entstanden sind.

Quelleninhalt

Die schriftliche Überlieferung zur Frühzeit des Klosters Homburg ist sehr gering. Über Klostergründung und Stiftung haben wir nur zwei Urkunden, die sich zudem zu widersprechen scheinen:

Die Urkunde von 1136

Am 19. August des Jahres 1136 machte Erzbischof Adalbert von Mainz bekannt, dass, »*weil das von den Vorfahren Kaiser Lothars gestiftete Kanonissenstift Homburg verfallen sei, der Kaiser, die Kaiserin Richenza und deren Schwiegersohn Herzog Heinrich* (Der Stolze – Anm. d. Verf.) *von Bayern dorthin Mönche der Regel des Heiligen Benedikt herbeizuholen*[22] *beschlossen hätten mit der Maßgabe, etwa noch vorhandene Sanktimonialen*[23] *an geeignete Orte umzusetzen oder – sofern diese dableiben wollten – in Homburg unter der Aufsicht der Mönche zu belassen*«, wozu Adalbert die gewünschte Zustimmung erteilte.[24] Das Kloster war demnach zu dieser Zeit schon sehr heruntergekommen. Die Nonnen hatten sich Ausschweifungen hingegeben und den Klosterbesitz veräussert.[25] Diesem Zustand haben sich – so die Urkunde – das Kaiserpaar und deren Schwiegersohn zu Herzen genommen und sich zum Ziel gesetzt, das Kloster wiederaufzurichten.

In der Urkunde heisst es dazu: »*... Hoc predictus imperator et eius tam laudabilis quam religiosa contectalis Richenza imperatorix una cum illustro genere suo bauarorum duce Henrico precordialiter dolent es et ad meliorem statum idem monasterium reducere satagentes religiose conuersacionis monachos in eo assumere statuerunt...*«[26]«. Für unsere Fragestellung von höchster Wichtigkeit ist der Absatz, wonach das Kloster von den Vorfahren Kaiser Lothars gestiftet und von ihnen zu ›heiliger Jungfrauen Bekenntnis‹, bestimmt worden sei: »*... a progenitoribus glorissimi domini nostri Romanorum imperatoris augusti lotharii secundi institutum est...*«[27]« Der Kaiser behielt sich Mitwirkungsrechte an der Erhebung des Abtes vor, auf die erst sein Enkel Heinrich der Löwe im Jahr 1164 verzichtete.[28] Der neue Homburger Konvent stammte möglicherweise aus dem berühmten Kloster Corvey.[29]

Die Urkunde von 1142

In diesem Jahr bestätigt eine gewisse Gertrud [30] die Schenkung ihrer gleichnamigen Großmutter in Form von 5 Hufen Landes[31] zu (Langen)Salza, einer Mühle sowie Ländereien in Heilingen, die 5 Solidi[32] für Kerzen abwerfen sollten. Darin wird jene Großmutter von ihrer Enkelin indirekt als Gründerin bezeichnet,[33] weil das Kloster auf ihrem Grund und Boden stehe: »*...Gerdrudis auia mea ecclesiam Beati Cristofferi in fundo suo Homburgk sitam prediis ... extulit et ornauit ...*[34]«

Die Urkunden von 1143

<u>Schenkung der Marienkapelle</u>: 1143 beurkundete Herzog Heinrich (Jasomirgott) von Bayern, der zweite Gemahl Gertruds der Jüngeren, dass die Herzogin und deren Sohn Heinrich (der Löwe) dem Kloster – unter dem Abt Thiemo – die Marienkapelle zu Homburg mit dem dazugehörigen Gut – unter Zustimmung **Heinrichs von Weida** und anderer Ministerialen – geschenkt habe.

Weiterhin wird überliefert, dass der genannte Heinrich von Weida den Wald ›Thiemsburg,‹ welchen er von der Herzogin und ihrem Sohn zum Lehen hatte, samt Zubehör für eine Jahresrente von vier Talenten[35] tauschweise der genannten Abtei überlassen habe. Für das vierte Talent einigte man sich auf eine Einmalzahlung von 16 Talenten und fünf Mark Silber. Dazu heisst es in der Quelle:

»*... Notum esse volumus ... in monasterio sanctorum Cristoferi, Mauricii sociorumque eius Homburgk deo famulantibus, quod ductrix domina Gerdrudis et filius eius dux Henricus annuente Henrico de Wida ceterisque ministerialibus et Ludewico de Lare, Poppone comite de Blangkenburgk ... capellam sancte Marie ... in potestatem domini Tiemonis ... contradit. Nec hoc lateat, quod predictus henricus, qui in beneficium Diemaresburgk a prefata ductrice Gerdrude et filio eius Henrico duce acceperat, cum omnibus suis appendiciis, ... Tiemoni in concambium ea condicione ...*[36]«.

Eine <u>1143 zu Königslutter ausgestellte Urkunde</u> geht hierauf noch näher ein: Darin bezeugt Abt Thiemo einen Tausch/Kaufvertrag mit Heinrich von Weida, **dem Sohn Erkenberts**, über ein Lehen in Thiemarsburg, welches der Weidaer von Heinrich dem Herzog von Sachsen und Bayern sowie dessen Gemahlin Gertrud, der Tochter Kaiser Lothars, erhalten hatte. Hierzu steht geschrieben:

»*... Thiemmo ... quod viso fratrum meorum propter inopiam silva-*

*rum detrimento **Henricum Erchenberti filium de Widaa** super beneficio suo, quod gracia ducis Bauarorum similiter et Saxonum Henrici nec non et eius gloriose contectalis Gerdrudis filie Lotharii imperatoris secundi in Dymarsburgk obtinuerat ...*[37]*«.*

Wie in vorgenannter Urkunde auch, sollte Heinrich von Weida dafür von der Abtei vier Pfund an jährlichen Einkünften erhalten, wobei dem Abt der Rückkauf des vierten Pfundes vorbehalten blieb. Darüber hinaus erfahren wir, dass Thiemo dem Weidaer dann 2 Pfund an Einkünften bei Körner und eines bei Bremersdorf und Bogisile angewiesen, das vierte Pfund aber für 20 Mark zurückgekauft habe.[38] Das bedurfte der Einwilligung des Lehnsherrn, des regierenden Herzogs Heinrich des Löwen.[39] Unter den Zeugen der Urkunde befanden sich:

➢ » *...Lodewico comite de Lare,*
➢   *comite Poppone de Blanckenburgk,...*
➢   *Liudolfo ministeriale de Brunizwigk,*
➢   *Bertolfo ministeriale de Peino,*
➢ *Annone ministeriale de Hennenburgk,*
➢ ***Erchenberto prefati Henrici fratre de Widaa**...*[40]*«*

Dabei handelt es sich beinahe ausschließlich um Persönlichkeiten, die wir andernorts als Gefolgsleute Heinrichs des ›Löwen‹ kennen. Der Kern der Urkunde betraf die Überlassung der Marienkapelle an das Kloster seitens des Herzogs.

Die Ringelheimer Urkunde[41] von 1143 folgt der vorhergehenden, allerdings mit geringen Abweichungen in der Zeugenreihe.

Heinrich der Löwe schenkte dem Kloster für das Seelenheil seiner Mutter Gertrud neben der Marienkapelle zusätzlich die Kapelle der Apostel ›Simon et Jude‹ in Homburg. Zur Ausstattung jener Kapelle gehörten (zur Versorgung des zum Meßdienst darin bestellten Vikars) unter anderen nicht näher bezeichneten Gütern, eine Wiese in der Nachbarschaft *(›nostro loco‹)*. Warum ausgerechnet jene Wiese gesondert aufgeführt wurde, bleibt unklar. Der Besitz war von Heinrich von Weida bereits im Vorfeld dem Herzog aufgelassen worden.

Ein Zusatz jedoch ist von größter Wichtigkeit: Beide Kapellen hatte laut Urkunde bereits die Kaiserin Richenza dem Kloster zu geben gelobt, wobei ihr Tod diese fromme Gabe verhindert habe. Daraufhin hätten Heinrich der Löwe und seine Mutter Gertrud die Schenkung vollzogen. Ob dieser Zusatz vom Aussteller oder von Leuten aus dem Kloster initiiert wurde, um die Aussteller zur Schenkung zu ermutigen, kann freilich nicht mehr eruiert werden.

In der Urkunde heisst es dazu: »*preterea aliam capellam in honore beatorum apostolorum Symonis et Iude ... adiacente. Idem prefatus dux H. pro remedio anime matris sue beate memorie Gerdrudis cunctorumque predecessorum suorum in Ringeln*[42] *ipso H. de Widaa rogante atque duci Henrico quitquit feodalis iuris in his possederat, ... capellas ... adiacenti beati memorie Richenza imperatrix dum adhuc viveret ecclesie nostre daturam spopondit, sed quia debitum humani generis pium votum ipsius ipsius impedevit, ... tandem pie matris votum complevit*«.

Spätere Urkunden

Eine verunechtete Urkunde von **1162** besagt, dass Heinrich der Löwe während einer Reise durch Thüringen das Kloster Homburg – welches: »*...in nostro territorio exstructam ...*[43]« – zerrüttet vorgefunden und dem Grafen Adelger von Hohnstein mit der Fürsorge (Vogtei) betraut habe. Die gefälschten Stellen der Urkunde beziehen sich auf das Ausmaß der Vogteirechte. Ein Rechtsstreit der Hohensteiner mit dem Homburger Abt um Ausmaß und Art dieser Nutzungsbefugnisse wird darin fassbar.

1179 bestätigte Heinrich der Löwe dem Kloster unter Vorbehalt der Patronatsrechte die alleinige Verfügungsgewalt im Klostergebiet. In der Urkunde wird auf die Wiederherstellung des Klosters durch Kaiser Lothar Bezug genommen: »*quod memorande recordiacionis avus noster dominus Lotharius imperator cenobium in Homburgk rebus et religione ... reparavit*[44].« Kaiser Lothar erscheint damit als faktischer Neugründer des Klosters.

In diese Richtung geht auch ein Hinweis aus einer undatierten Urkunde (**1195–1225**) von Heinrich Pfalzgraf bei Rhein, dem Sohn Heinrichs des Löwen, wo Lothar als Erbauer des Klosters bezeichnet wird. Dazu heisst es im Text: »*...cum igitur ecclesia de Homburgk a nostro progenitore beate memorie Lothario Imperatore honorabiliter fuerit constructa...*[45]«. In der Urkunde wird dem Kloster erlaubt, möglicherweise entfremdete Güter und Hörige in den Orten Salza, Körner und Graba ausfindig zu machen.[46]

1211 stellte Abt Berthous die Küsterei in seinem Kloster wieder her und wies demselben Einkünfte zu Henningsleben sowie ein Pfund zu, welches an den Jahrmärkten von dem Zoll gezahlt und von der Kaiserin Richenza, der Gründerin des Klosters, zu Lichtern bestimmt worden war.[47]

In einer undatierten Urkunde – aus der Zeit zwischen **1195** und **1227** – wiederholt Herzog Heinrich Pfgf. bei Rhein noch einmal die Schenkung der Marienkapelle sowie jener Anteile am Thiemswald, die Heinrich von Weida einst zu Lehen besessen hatte.[48]

Zusammenfassend kann man über den Inhalt der Quellen konstatieren, dass daraus nicht genau hervorgeht, wessen Vorfahren das Kloster gegründet haben. Entweder kommen die Brunonen in Frage oder bestimmte Ahnen Lothars, mit denen wir uns später noch eingehender beschäftigen werden. Wenn sich auch einige Urkunden nach 1143 auf das Gründungsproblem beziehen, so ist deren Aussagewert doch fraglich. Immerhin gibt es Hinweise darauf, dass den Verfassern der späteren Urkunden die beiden Diplome von 1136 bzw. 1142 bekannt gewesen sein müssen.[49]

Die Urkunden von 1136/42 können nicht mit einschlägigen Hinweisen in den späteren Urkunden bewiesen werden.

Darin bezog man sich wechselseitig auf Lothar oder Richenza als jeweilige Gründer, **wenn auch die Lotharische Gründungsversion öfters gebraucht wird**.

Brüsch hat daraufhin die These aufgestellt, »dass man im Kloster offenbar geneigt war, denjenigen als Stifter zu bezeichnen, der sich als entsprechend großzügig erwiesen hatte.[50]« Diese Ansicht teilen wir nicht. Alle Klosterförderer entstammen einer Familie.

Die Aussagekraft der späteren Urkunden ist ohnehin mit Vorsicht zu genießen. Es ist unwahrscheinlich, dass diese auf eventuell verlorengegangene Diplome hinweisen. Dafür sind deren Bezüge auf die Urkunden von 1136/ 1142/ 1143 allzu offensichtlich.

Zur Quellenkritik

Das Urkundenbuch des Klosters Homburg

Die Urkunden des Klosters Homburg befinden sich im Stadtarchiv von Bad Langensalza. Sie sind nur als spätere Abschriften auf uns gekommen. Der Titel auf dem Buchdeckel – von späterer Hand geschrieben – lautet: ›*Nachrichten vom Kloster Homburg Doc. 319*‹. Das Homburger Klosterarchiv war im Bauernkrieg 1525 fast gänzlich vernichtet worden.[51]

Das Urkundenbuch ist folgendermaßen aufgebaut: Als papiernernes Vorsetzblatt wurde der Entwurf eines späteren Schreibens[52] verwandt. Auf dem 2. Pergament steht zu lesen: »*Privilegia confirmaciones et approbaciones fundacionis et dotacionis Monasterii Hoenburgensis ordinis S. benedicti.*« Nach fünf leeren

Seiten folgen ab dem achten Blatt Abschriften, die mit ›T-LXVI‹ bezeichnet sind. Insgesamt enthält der Band Kopien von 168 Urkunden aus der Zeit von 1136–1533, die nach Vertragsgegenständen bzw. Bezugsorten geordnet sind.[53] Zwischen 1136 und 1225 sind 28 Urkunden vollständig mitgeteilt. Nach einem Belegvakuum bis 1271 folgen bis 1300 weitere 18 Urkunden, bis 1400 sind es 70, bis 1500 40, bis 1532 12 Urkunden.[54]

Zur Urkunde von 1136

An der Echtheit dieser Urkunde wurden bisher noch keine Zweifel angemeldet. Die Frage, unter welchen Umständen die Urkunde ausgestellt wurde, lässt sich wie folgt beantworten: Ausstellungsort des Diploms war Würzburg, weil Kaiser Lothar – wie Bernhardi meint – nur dort auf den Erzbischof von Mainz treffen konnte, dessen Erlaubnis für das Homburger Vorhaben des Kaisers unverzichtbar war. Zuvor hatte Lothar seine Güter bereist, wohl um Geld für seinen Italienzug aufzutreiben. In Corvey ist der Kaiser für den 4. August 1136 bezeugt, wo er ein Kloster in Paderborn in Schutz nahm. Am 7. August bestätigte der Imperator in Osterode Besitzungen für das Kloster Katlenburg, bis er am 15. August endlich in Würzburg eintraf.[55] Die Interpretation des kaiserlichen Itinerars[56] eröffnet ein weites Feld: Wollte sich Lothar vor dieser, für ihn nicht alltäglichen Italienreise als frommer Stifter hervortun, oder waren die Taten von seinem bereits fortgeschrittenen Alter motiviert? Plante er seine Vermögensverhältnisse bzw. den Besitz Sachsens[57] für seinen Schwiegersohn rechtlich zu sichern? Einen kleinen Hinweis darauf fand Bernhardi in Helmolds Chronik wonach »... *Imperator ordinatis rebus tam Sclavorum, quam Saxonum dedit ducatum Saxonie Henrico genero suo duci Bawarie, quem etiam secum assumens paravit secundam profec-tionem in Italiam...*[58]«

Zur Urkunde von 1142

Das Diplom ist bisher noch nicht kritisch besprochen worden.
Im Wesentlichen arbeitet die Forschung mit der Förstemannschen Edition. Hingegen ist die Datierung der Urkunde von 1142 nicht unproblematisch: Sie wird einerseits übereinstimmend auf das Jahr 1142 datiert und wir werden dieses Diplom auch nachfolgend als ›1142er Urkunde‹ bezeichnen. Andererseits hat Wenzel[59] den Sachverhalt der Urkunde auf die Zeit **vor 1117**, die Urkunde selbst aber auf 1142 datiert.
Die in der Urkunde aufgeführten Personen, Gertrud, sowie deren

gleichnamige Großmutter, wurden als die beiden Brunoninnen Gertrud die Ältere und Gertrud die Jüngere identifiziert, weil die folgenden Homburger Diplome – welche auf die Zeit vor 1143 datiert werden – zweifelsfrei von Gertrud der Jüngeren und ihrem Gemahl Heinrich Jasomirgott ausgestellt worden sind.
Wenn man die Urkunde von 1142 mit denen von 1143 vergleicht, fällt sofort auf, dass diese Gertrud von 1142 ohne Anhang erscheint und es nicht ausgeschlossen ist, dass jene Urkunde auch von einer anderen Frau gleichen Namens für das Kloster ausgestellt worden sein kann. Einen wichtigen Hinweis darauf liefert die Datierung auf ›M°XLII‹. Förstemann bezeichnete diese Datierung als irrig und ersetzte sie durch ›MCXLII‹. Vielleicht erschien ihm eine Verbindung zu Gertrud der Jüngeren in den Urkunden von 1143 naheliegend, wonach die genannte Großmutter namens Gertrud leicht mit G.d.Ä identifiziert hätte werden können. Vielleicht nahm er auch einen Kopierfehler an, denn die Urkunden sind nur als spätere Abschriften erhalten. Wir werden die alternativen Auslegungsmöglichkeiten der Urkunde ohne brunonischen Kontext im Auge behalten.

Zu den Urkunden von 1143

Itinerar: Einzig die Urkunde von Königslutter trägt ein Ausstellungsdatum. Die beiden anderen Urkunden dürften erst nach dem 18. April 1143 – dem Todestag Gertruds der Jüngeren – datiert worden sein.[60] Demnach ist es fraglich, ob und wie der Abt Thiemo die Gelegenheit genutzt hat, sich zu Königslutter der Unterschrift Erkenberts von Weida zu versichern, welcher wahrscheinlich im März 1143 im Gefolge König Konrads III. [1138–1152] auf dem Weg nach Sachsen war.[61]

Die Echtheit der ersten Urkunde kann nicht mit Sicherheit bestätigt werden. Zwar lassen sich keine sekundären Veränderungen nachweisen, der sonst übliche Ausdruckstil der königlichen Hofkanzlei ist allerdings auch nicht erkennbar.

Alle drei Urkunden haben untereinander starke Berührungen und bilden zweifellos eine Empfängergruppe.[62] Ähnlichkeiten will Jordan lediglich zu den Katlenburger Urkunden Heinrichs des Löwen ausgemacht haben.[63]

Bei dem **erstgenannten Diplom**[64] ist kein Ausstellungsort feststellbar. Wurde sie etwa im Kloster selbst gezeichnet? Die zweite Urkunde[65] hingegen war in Königslutter, die dritte[66] in Ringelheim ausgestellt worden.

Die Ortsnamen sind jeweils unterschiedlich geschrieben, als wä-

ren bei den beiden Urkunden verschiedene Schreiber am Werk gewesen.[67] Alle drei Diplome scheinen aufeinander aufzubauen. Bei der ersten Urkunde geht es nur um die Marienkapelle und die Thiemsburg. Neben Heinrich von Weida mussten noch andere Ministeriale,[68] sowie die beiden Herren von Lare und Blankenburg (allerdings an letzter Stelle) zustimmen. Die Zeugen tauchen sowohl als Vertragspartner,[69] als auch als abschließende Testaten auf. Der Urkundenstil der ersten Urkunde ist in Bezug auf die beiden anderen recht merkwürdig. Folgendes ist unklar:
Warum wird Heinrich von Weida als erster Zeuge bzw. erster genannt, der dem Vertrag zustimmt? Hatte dies etwas mit der Lehnsnehmerschaft des Weidaers für den Thiemswald zu tun? Damit wäre erklärt, warum ein ›unfreier(?[70]) Ministerialer‹ vor den beiden Grafen von Lare und von Blankenburg aufgeführt ist. Doch warum, wenn dem so wäre, wurden dann nach dem genannten Heinrich von Weida noch die ›übrigen‹ Ministerialen und das ohne Namen, aufgeführt? Wir wissen es nicht. Darum muss gefragt werden, welche dem Vertrag zustimmenden Personen – abgesehen von den, im Vorfeld erwähnten ›anderen Ministerialen‹ – eventuell Rechte an der Homburger Marienkapelle bzw. am Thiemswald besaßen. Schließlich haben sich in späteren Urkunden verschiedene ehemalige Ministerialengeschlechter als Mitbesitzer des Waldes zu erkennen gegeben.[71] Doch lassen sich in so früher Zeit nur die Anrechte derer von Weida nachweisen. Am Ende lässt sich konstatieren: Es dürfte sich bei jener Urkunde um einen Aussteller mit eigenem Urkundenstil gehandelt haben. Wenn andere Ministeriale an der Vertragssache (abgesehen vom Thiemswald) noch Rechte besaßen, wären ihre Namen sicher nicht unerwähnt geblieben. Die Grafen sind wohl später zur Unterschrift hinzugetreten.
In der **zweiten Urkunde**[72] ist neben den Vertragsbedingungen noch eine Liste mit 9 Zeugen aus der Gefolgschaft Heinrichs des Löwen überliefert. Heinrich von Weida, einer der Beteiligten aus der ersten Urkunde, scheint bei der Unterzeichnung nicht anwesend gewesen zu sein, wohl aber sein Bruder **Erkenbert**, der hier **einmalig im Umfeld des Sachsenherzogs** auftaucht.
Nun könnte man meinen, jener Erkenbert sei der Vorgänger seines Bruders Heinrich im Gefolge Heinrichs des Löwen gewesen, wozu allerdings die Urkundenlage zu dünn ist, um einer Überprüfung standzuhalten. Einzig Heinrich von Weida taucht ab 1153

regelmäßig in den Urkunden Heinrichs des Löwen auf,[73] meistens in unmittelbarer Nachbarschaft Arnos von Heimburg und Lippolds von Herzberg. Er dürfte also einer der bedeutenderen Ministerialen des Sachsenherzogs zu dieser Zeit gewesen sein.[74] Die Herren Jörn haben hierzu die These aufgestellt, dass Erkenbert in seiner Eigenschaft als Miterbe seines Bruders testiert und Abt Thiemo von Homburg alles getan habe, um sich der Unterschrift Erkenberts zu versichern.[75] Einen Hinweis darauf liefert die Position seines Testats an letzter Stelle der Zeugenliste, während sein Bruder Heinrich in der Ersten Urkunde an erster Stelle aufgeführt wurde. Entweder ist die Vermutung von vorhin zutreffend, wonach Heinrich von Weida in der ersten Urkunde nur als erster testierte, weil er Vertragsnehmer war. Oder man hat den Namen seines Bruders in der zweiten Urkunde erst im nachhinein eingetragen, weil Erkenbert bei der Ausstellung nicht anwesend war, wohl aber später unterzeichnet hat. Als weitere Möglichkeit steht zur Diskussion, dass Erkenbert als Auswärtiger und ›Nichtministerialer‹ des Sachsenherzogs den letzten Platz in der Rangfolge zugewiesen bekommen hatte.

Die dritte Urkunde [76] schließlich – ausgestellt in Ringelheim – wartet mit derselben Zeugenliste auf, wobei lediglich der Herr von Mandern vor dem Braunschweiger testierte. Sie ist jedoch im Schenkungspassus erweitert, nämlich um die Überlassung der *Simon et Jude*-Kapelle in Homburg.

Zu den späteren Urkunden

Die Urkunde von 1162[77] ist zweifellos verunechtet. Die Übertragung der Vogteirechte an das Kloster war mit der Rechtslage jener Ära unvereinbar.[78] Der Fälscher muss von einer der 1179er Urkunden[79] die ungewöhnliche *Intitulatio* entlehnt sowie aus einer Urkunde Heinrichs des Löwen (Nr. 69) die *Korroboratio* entnommen haben. Damit geht das Diplom möglicherweise auf eine echte Vorlage zurück. Dieser Umstand erscheint uns wichtig im Bezug auf die Zeugenliste, denn neben den Gefolgsleuten Heinrichs des Löwen, unter ihnen ein ›*Hainricus de Wyda*[80]‹, testierte am Ende ein ›*Hartradus de Salza*[81]‹, auf den wir zurückkommen werden, wenn es um die Beziehungen derer von Salza zum Kloster geht.

Die erste der Urkunden aus dem Jahr 1179 scheint echt zu sein.[82] Allerdings sind die beiden Nachfolgeurkunden[83] aus dem gleichen Jahr mit deutlichen Zweifeln behaftet. Darin schenkte Heinrich der Löwe dem Kloster nicht nur die erbliche Lehnsherrlichkeit über seine Vasallen in Thüringen, sondern auch – was für ein großzügiges Geschenk – sämtliche thüringischen Besitzungen mitsamt allen Hörigen.[84] Die Besitz- und Kompetenzstreitigkeiten des Klosters mit den Hohnsteinern, sowie die zurückhaltende Reaktion Heinrichs des Löwen darauf zeigt,[85] dass dem Kloster Homburg nicht die Bedeutung zugemessen wurde, wie den Klöstern Nordheim oder Rheinhausen.[86]

Die undatierte Urkunde aus der Zeit Herzog Heinrichs Pfgf. bei Rhein von 1211 hingegen wurde noch nicht quellenkritisch ausreichend untersucht.

Die Schreibweise Homburgs und Weidas in den Urkunden

Im königlichen Tafelgüterverzeichnis von 1064/65(?)[87] wurde der Ort als ›*Hohenborc*‹ bezeichnet.[88] Der Chronist Lampert spricht 1073/75 von ›*Hoenburg*‹.[89] In den Urkunden des Klosters Homburg von 1136–1179 wird der Ort durchgehend als ›*Homburgk*‹ bezeichnet.[90] Darüberhinaus hat Wenzel auf der Basis von Förstemann noch die Bezeichnungen ›*Hohinburg*‹ sowie ›*Hohenburg*‹ ausgemacht.[91] Wir haben also bis auf eine Ausnahme eine klare topographische Zuordnung. Was nun die Etymologie des Namens betrifft, so haben wir es hier womöglich nicht allein mit einer Burg an einem zwar ›hoch-gelegenen‹, aber nicht wirklich exponierten Ort zu tun, sondern vielleicht auch mit einem ehedem hoch-erhabenen, sprich ›heiligen‹ Ort.[92] Über die Etymologie des Namens ›*Weida*‹ war im Vorfeld bereits die Rede.

Wortwurzel Wida

Auch die Namensbezeichnung der Herren von Weida variiert in den Quellen. Ein Heinrich von Weta, der in den Naumburger Urkunden im Umfeld des dortigen Bischofs auftaucht, konnte bereits als Nichtangehöriger der Familie von Weida identifiziert werden.[93] Heinrich von Weida wird 1143 mit ›*de Wida*[94]‹ und ›*de Widaa*[95]‹ bezeichnet. 1162 taucht er als ›*Wyda*[96]‹, 1166 als ›*Widah*[97]‹, 1171 als ›*Widach*[98]‹ auf. Um zu erklären, ob mit diesen ähnlich klingenden Bezeichnungen ein und derselbe Name/Ort verbunden ist, hat Wintzingerode-Knorr das Schreibbeispiel der Wüstung Widagerode[99] zwischen 1250 und 1384 zur Diskussion gestellt, das in den Quellen mal als ›Wittagherode‹ bzw. als ›Witagerode‹, mal als ›Withagerode‹ bzw. als ›Wytagherode‹, mitunter auch nur als ›Widagert‹ bezeichnet wird.[100] Somit dürfen wir davon ausgehen, dass auch in unserem Fall ein und derselbe Name/Ort gemeint war.

Gründungslegenden, Erste urkundliche Erwähnung, Ausstattung, Abtei und Vogtei des Klosters Homburg

Bevor wir uns den Gründern des Klosters und dem ersten Dienstherren der Ministerialen von Weida zuwenden, wollen wir zusammentragen, was über das Kloster an sich bekannt ist. Dabei werden wir auch die Angaben in Sagen, alten Geschichten sowie in den Thüringer Chroniken berücksichtigen, selbst wenn diese quellenkritisch fraglich sind und zunächst entbehrenswert erscheinen:

›Legendäre‹ Stifter

Bereits der **Heilige Bonifatius** – ›Apostel der Thüringer‹ – habe in Homburg (an dieser Stelle) ein Kloster gründen wollen,[101] aber erst nach der Unterwerfung der heidnischen Sachsen konnte **Karl der Große** dann hier eine Abtei stiften, die zwischen 778 und 804 baulich ausgeführt wurde.[102] Der mächtige Frankenkönig [ab 800 Kaiser] sei aber »nicht bloß Herr der Gegend, sondern auch recht heimisch in ihr gewesen, zumal er in Vargula einen Hof besessen[103]« habe. Als Beweis führt Göschel alte nicht näher benannte Aufzeichnungen an.

Weitere Nachrichten entstammen der Thüringischen Chronik des Ursinus sowie der Chronik des Johann Rothe. Solche späteren Darstellungen, deren Informationswert mitunter stark zweifelhaft ist, vermitteln jedoch sonst nicht verfügbares Wissen:

»*Der Name dieses Klosters, zu welchen unstreitig die Anhöhe Veranlassung gab, auf welcher es errichtet wurde, soll (...) gerade deswegen aus acht Buchstaben zusammengesetzt worden seyn,*[104] *weil das güldene H. welches ihm* (Karl dem Großen – Anm. d. Verf.) *verehrt wurde, der achte Buchstabe im Alphabete ist*[105]«

Auch die Notiz aus der Chronik des Ursinus, wonach »*... sie ... in demselben Kloster seiner Schwerter eins* (haben)*, das groß und schwer ...*[106]« gewesen sei, wurde kritiklos mit den großen Kaiser in Verbindung gebracht.

Der ostfränkische **König Arnulf** [887–899] schließlich soll 897 im Kloster Homburg, »*nach anderen Berichten einen Reichstag* [107]« abgehalten haben, welcher insbesondere auf die Beilegung der Streitigkeiten zwischen Thüringern und Sorben-Wenden abgezielt habe.[108] Wo Göschel solche Informationen hernahm, wissen wir nicht. Dementsprechend ist auch die Aussagekraft seiner Argumentation.

Erste Erwähnung von Homburg

Wie gesehen, gibt es vor der Ersterwähnung des Ortes keine handfesten Notizen über die Homburg. Selbst die ungenauen Angaben von Schütz, bei dem Hohenburg und andere benachbarte Siedlungen schon bezogen auf das Jahr 500 auftauchen, führen da wenig weiter.[109] Weil die Topographie des Ortes im königlichen Tafelgüterverzeichnis[110] von 1064f./1164f.(?) unklar ist, müssen wir die Angabe in den Annalen des Chronisten Lampert, **1073/75**,[111] als **Ersterwähnung** ansehen, weil die dort genannte ›Hoenburg‹ in deutlichen topographischen Bezug zu Orten in der Umgebung steht.[112] Die Homburg muss damals (in Bezug auf die anderen Burgen im weiteren Umfeld) bedeutend genug, ihre Räumlichkeiten groß genug gewesen sein, damit jene Zusammenkunft der Principes des Reiches darin stattfinden konnte, die der Erzbs. von Mainz für den 13. September 1073 anberaumt hatte, damit Bürgschaft für einen Frieden zwischen dem König und den Führern der sächsisch-thüringischen Adelsopposition geleistet werden konnte.[113] Die zweite Erwähnung bezieht sich auf eine der großen Schlachten des Mittelalters, als König **Heinrich IV.** [1056–1106] »...*haud procul Hoenburg*...[114]« gegen die Sachsen und Thüringer stritt und Graf Gebhard von Süpplingenburg – der Vater des späteren Kaisers Lothar III. – im Kampf den Tod fand. Allerdings scheint die Anlage selbst nicht in die Schlacht involviert gewesen zu sein. Wir wissen weder davon, dass sich dort Truppen verschanzt oder eine Plünderung stattgefunden hätte, wie sie den umliegenden Orten zuteil wurde, als das königliche Heer nach Norden weiterzog.[115]

Wie groß war die Homburg?

Wie der Name schon sagt, wird eine Burg als Grundlage für das Kloster gedient haben, die groß genug war, dass eine größere Anzahl adeliger Herren darin untergebracht werden konnten.[116]
Für eine größere Anlage bzw. Siedlung sprechen auch die beiden Kapellen vor Ort, die 1143 dem Kloster geschenkt wurden und wie es scheint schon vor der Klostergründung bestanden haben können.[117]
Jordan konstatierte, dass die beiden Häuser keine Burgkapellen an sich gewesen sein können. Er geht von einer Siedlung aus, die später von Salza abgelöst worden sein könnte.[118] Für eine große Anlage spricht auch die Topographie des Ortes selbst. Der Rand der Hochebene oberhalb des ehemaligen Gasthauses ›Böhmen‹ muss bis Mitte des 16. Jahrhunderts beinahe vollständig bebaut gewesen sein. Lediglich ein Wirtschaftsgebäude befand sich unter

dem Berghang (am Böhmen).[119] Die Lage der beiden Kapellen sowie der Siedlung selbst ist noch unbekannt. Man nimmt an, sie habe sich gegen Langensalza hin erstreckt.[120] Vielleicht befand sie sich auch mehr in Richtung der Homburger Felder. Die Zugangsmöglichkeiten der Bewohner zum Wasser lassen beide Varianten zu.

Die Gründungsgeschichte des Klosters

Denkt man an die Angabe des Ursinus, wonach ein großes Schwert Kaiser Karls im Kloster verwahrt wurde, eröffnet sich ein merkwürdiger Bezug zur Gründungsgeschichte des Klosters:

Im Jahre 1073/1075 – je nach Datierung der Quellen – wurde vor den Toren der Homburg eine große Schlacht geschlagen. König Heinrich IV. hatte sich damals zum Ziel gesetzt, die sächsisch-thüringische Adelsopposition ein für alle Mal zu vernichten. Einer seiner Gegner war Graf Gebhard von Süpplingenburg, der Vater des späteren Kaiser Lothars III.. Es kam wie es kommen musste: Nachdem Lothars Erzeuger gefallen, die Schlacht für die Aufständischen verloren und die kriegsgefangenen sächsischen Edlen und Bauern von dem rachsüchtigen König in der Nähe von Nägelstedt zu großen Teilen massakriert worden waren, habe nach einiger Zeit Hedwig, die Mutter Kaiser Lothars beschlossen, an den Tod ihres Gatten Gebhard mit einer Klostergründung zu erinnern, damit dort bis zum jüngsten Tag für sein Seelenheil gebetet würde. Wenn dem so war, ist es nicht ausgeschlossen, dass Hedwig Kleidung und Ausrüstungsgegenstände ihres Mannes im Kloster verwahren ließ. Vielleicht hat man Jahrhunderte später das Schwert Gebhards fälschlicherweise mit dem ›*großen und schweren Schwert*‹ Karls des Großen gleichgesetzt.[121]

Gründungsausstattung

Während Hüttenbräuker, auf die sich viele neuere Forscher beziehen,[122] Homburg als altbraunschweigischen Besitz-Zipfel ansieht, der bis nach Thüringen hineinragte, kann man, der These vom ursprünglich brunonischen Besitz Homburgs folgend, auch vermuten, Homburg sei Kern einer weitentfernten Exklave gewesen, das Kloster nur gegründet worden, um sonst schwer nutzbaren Besitz wenigstens als Stiftung zum Seelenheil zu verwerten. Vor diesem Hintergrund empfiehlt es sich, einen Blick auf das Stiftungsgut des Klosters zu werfen, um zu erfahren, ob und welche anderen welfischen Besitztümer in der Umgebung bestanden, die nicht dem Kloster zu Eigen waren. In der Urkunde von 1136 ist von einer reichen Ausstattung die Rede, allerdings finden sich keinerlei Angaben über deren Art und Umfang. Lediglich in der Urkunde von 1142, in der Gertrud d. J., die Schenkung ihrer gleichnamigen Großmutter bestätigt, taucht einiger Besitz auf, der zum Stiftungsgut gehört haben dürfte:[123] Darunter waren 5 Hufen Landes und eine Mühle im Nachbarort **Salza**[124] sowie 5 Hufen in **Heilingen**.[125]

Merkwürdig ist, warum die **Marienkapelle** mit dem dazugehörigen, nicht näher benannten Gut sowie die *Simon et Jude*-Kapelle mit einer **Wiese in Homburg** selbst erst 1143 dem Kloster geschenkt wurden. Die beiden Kapellen sowie der geschenkte Anteil am **Thiemswald** gehörten zweifellos zum Besitz Gertruds d. J., sowie ihres Sohnes Heinrich des Löwen.

Der Lehensnehmer des Thiemswaldes und ehemalige Nutzer der *Simon et Jude*-Kapelle Heinrich von Weida trat hierbei als Lehnsmann der beiden auf, scheint aber mit dem Kloster selbst nichts zu tun gehabt zu haben. Von einem zusammenhängenden welfischen Besitz um Homburg kann keine Rede sein, weil die unmittelbare Umgebung des Klosters in der Hand mehrerer Herren war. Dem Kloster gelang es erst relativ spät, Besitz in der direkten Nachbarschaft zu erwerben.[126] Selbst der Weinberg am Abhang des ›Homberges‹ konnte erst 1438 dazugekauft werden.[127]

Einen letzten Hinweis auf das Stiftungsgut gibt uns die Notiz,[128] wonach dem Heinrich von Weida für seine Rechte am Thiemswald u.a. Einkünfte in **Körner**, **Bremendorf** und **Bogisile** angewiesen wurden.[129] Dabei wird es sich um entfernt liegende Aussenbesitzungen gehandelt haben. Beachtlich ist jedoch die Größe der Besitzungen, wenn sie 3 Pfund (Silber) im Jahr an Zinsen abwerfen konnten. Das Dorf **Körner** hingegen haben sich mehrere Adelsfamilien geteilt. Selbst ein Geschlecht gleichen Namens existierte in mehreren Linien im Ort.[130] Auffällig ist die Nähe Körners zum **Herzogswald**, an dem Heinrich von Weida Besitzanteile hatte. Ob dessen Umfeld einmal eine zusammenhängende Grundherrschaft gebildet hat, wird noch zu besprechen sein.

Bei der Suche nach dem Stiftungsgut und damit nach den Gründern des Klosters können wir sonst nur noch spätere Urkunden geringerer Aussagekraft bzw. Wertigkeit zu Rate ziehen:

So erlaubte (nach dem Jahr **1200**) Herzog Heinrich Pfgf. b. Rhein dem Kloster in den Dörfern **Salza**, **Körner** und **Graba**[131] nach verlorenen Hörigen und Gütern zu suchen.[132]

Um **1225** neigte sich der Streit der Abtei mit den Hohnsteiner Grafen, um angemaßte Vogteirechte, dem Ende zu. Die Grafen verzichteten auf ihren Besitz in den Dörfern Körner, **Schwabhausen** und Langensalza. Zur gleichen Zeit wurde die Vogtei samt allen Klostergütern in den Dörfern Langensalza, Körner und Graba bestätigt.[133]

Letztendlich ist Stiftungsgut ansich nur schwer nachzuweisen. Neben Besitzungen in Salza und Heilingen lassen sich nur Gebiete in Körner, Bremendorf und Bogisile eindeutig als welfisches Eigentum ansprechen. Zudem kann Stiftungsbesitz in Graba und Schwabhausen nicht ausgeschlossen werden. Gerade der Fälschungsverdacht bei bestimmten Urkunden impliziert, dass das Kloster dort bestimmte Interessen verfolgt hat. Wenn Langensalza und Körner in jener Liste erwähnt werden, wo wir Stiftungsgut bereits nachgewiesen haben, so wird dies auch in Graba und Schwabhausen der Fall gewesen sein.

Nach dem Urkundenbuch von Homburg verfügte das Kloster insgesamt über Grundbesitz in **Homburg**, **Salza**, **Heilingen**, **Thiemsburg**, **Eckardsleben**, **Henningsleben**, **Körner**, **Graba**, **Schwabhausen**, **Kirchheilingen**, **Thamsbrück**,[134] **Schönstedt**, **Bothenheilingen**, **Altengottern**, **Zimmern**, **Großengöttern**[135] und **Merxleben**.[136] Ein Versuch aus den späteren Urkunden herauszulesen in welchem Ort mehr Land ge- als verkauft wurde und auf diese Art auf Stiftungsgut zu schließen, kann aufgrund der nicht näher bezeichneten Grundstücke bzw. der verwickelten Besitzverhältnisse in der Nachbarschaft nicht unternommen werden.

Homburg ein unbedeutendes Kloster?

Das Kloster Homburg kann zumindest im 13. Jahrhundert so unbedeutend nicht gewesen sein. Es verfügte zwar über keinen bedeutenden Grundbesitz, doch waren in den Streit mit den Hohnsteiner Grafen um die Vogteirechte im Klosterbezirk, Päpste und Erzbischöfe involviert. Dem Abt Berthous war es gar erlaubt, die Bischofsinful zu tragen.

Die Abtei

Als älteste Äbte von Kloster Homburg gibt Olearius an:[137]

1. Rudolf,
2. Heinrich,
3. Gebeno,
4. Berthold,
5. Dietrich.

Diese Namensliste stimmt allerdings nicht der schriftlichen Überlieferung überein, in der:
1. Thiemo   1143,
2. Konrad   1160,
3. Berthous   1211,
4. Thiemo   1284 nachweisbar sind.[138]

Das führt zu der Frage, irrt der Chronist oder haben wir es mit einer längeren Klostertradition zu tun, als die Urkunden zunächst glauben machen?

Die Vogtei [139]

Dieses Kapitel will im Wesentlichen drei Fragen beantworten:
1.) Wer hatte die Vogtei über das Kloster vor den Grafen von Hohnstein inne?
2.) Begann der Aufstieg der Herren von Weida vielleicht im Schatten des Klosters Homburg?
3.) Was hat es mit den Herren von Salza auf sich? Hat dieses Geschlecht die Weidaer in deren lokaler Funktion etwa abgelöst?

Die schriftliche Überlieferung über die Vogtei des Klosters beginnt **1136**(?). Zu dieser Zeit soll Kaiser Lothar den Mönchen das Recht verliehen haben, dass im Abtshof und auf dem zugehörigen Grund und Boden im Umfang von vier und mehr Pflügen nur der Abt und kein Vogt die alleinige Verfügungsgewalt besitze.[140]

Das wahrscheinliche Deperditum wird in der Urkunde von **1179**[141] erwähnt, in welcher Heinrich der Löwe dem Kloster dasselbe Recht noch einmal bestätigte, freilich unter Vorbehalt der Patronatsrechte. In der Urkunde wird auf die Urkundenreihe von 1136 hinsichtlich der Wiederherstellung des Klosters durch Kaiser Lothar Bezug genommen. Dennoch wird das 1136er Diplom nicht als Fälschung betrachtet, obwohl es den Rechtsstatus des Klosters im Streit mit dem Hohensteiner Grafen firmiert haben dürfte. Eher wird angenommen, dass das wahrscheinliche Diplom am ehesten im Umfeld der kaiserlichen Schenkung von 1136 gegeben worden sei, vielleicht auch mündlich.[142]

Der Sachverhalt wird in einer verunechteten Urkunde von **1162**[143] wieder aufgegriffen, deren realer Kern vielleicht darauf beruht, dass Heinrich der Löwe dem Grafen Adelger von Hohnstein die Fürsorge über das Kloster Homburg übertragen habe.

Die Quellen schweigen sich darüber aus, wer die Vogteirechte in der Zeit davor wahrgenommen hat bzw. inwieweit diese Position überhaupt vergeben war? Es verbleiben lediglich mündliche Über-

lieferungen, die Jahrhunderte nach dem Tod Lothars in thüringische Chroniken[144] aufgenommen worden sind:
Als ›legendäre‹ Schutzherren des Klosters tauchen bei Göschel die Herren von Dreyfurt auf, die dafür vom Kloster mit dem Dorf Salza, »*welches nach den ältesten Nachrichten dem Kloster zuständig gewesen, belehnt*« worden seien.[145] Eine interessante Geschichte hierzu bietet die Chronik des Johann Rothe: »*Donoch wart Salza umbemuret unde zu eyner Stat gemacht. Die Herren von Salza, die waren mit dem ersten Voite des Closters zu Hoenburgk belehnt worden mit dem dorffe Salza, unde do worden sie alsso reich unde mechtigk das sie Dribogk dos sloss doryn buweten.*[146]« Auf diese Weise sollen aus der Linie der Dreyfurter die Schirmvögte Homburgs und aus diesen schließlich das Geschlecht derer von Salza entstanden sein.
Können wir diese Darstellung quellenkundlich fassen?
Was die Dreyburger anbelangt, so tauchen sie in keiner Urkunde auf. Nur der Name des Langensalzaer Schlosses ›*Driborgk,*[147]‹ sowie der Ortsname Treffurt scheint an sie zu erinnern. Dass aber selbst Dynastenburgen teils über Generationen von Ministerialenfamilien verwaltet wurden, die sich den Urkunden mit diesen Burgbezeichnungen zubenannt haben, ist Legion.[148]
Dennoch können wir einen **Heinrico Strabone de Homburch**, der 1166 in den Urkunden Heinrichs des Löwen auftaucht, nicht mit dem Kloster bzw. der Burg ebenda in Verbindung bringen.[149]
1157 erscheint ein Heidenreich von Salza in einer Urkunde Kaiser Friedrichs I. Barbarossa [1152–1190].[150]
In der verunechteten Urkunde von **1162** wird sowohl ein *Heinricus de Wyda* (an siebender Stelle) geführt, als auch ein *Hardradus de Salcza* an elfter Stelle. In der Folgezeit werden mehrere Mitglieder der Familie als welfische Ministeriale tätig gewesen sein.[151] Die Quellen können die Darstellungen Rothes also weder bestätigen noch widerlegen.
Treffurter, Homburcher und Salzaer erscheinen erst relativ spät in den Urkunden.[152] Auch finden sich keine Belege darüber, dass die Herren von Weida mit dem Kloster mehr als nachbarschaftliche Beziehungen gepflegt hätten. Sie treten immer nur als Lehensnehmer der Welfen auf. Ebensowenig wurden sie von denen von Salza in ihren lokalen Funktionen abgelöst. Die Besitzschwerpunkte der beiden Familien waren unterschiedlich konzentriert.
Die Salzaer hatten Grundstücke im Ort selbst. Ihr Besitzanteil am Thiemswald wird erst im 14. Jahrhundert fassbar.[153] Die Weidaer

wiederum nutzten neben Gebieten in Homburg (das Ausstattungsgut der Simon et Jude- Kapelle) und Thiemswald – die allerdings dem Kloster überlassen wurden – hauptsächlich Güter im Umfeld des sogenannten Herzogswaldes. Die Ministerialenfamilien von Salza und von Weida dienten beide dem welfischen Hause und werden die Spitze jener Dienstleute angeführt haben, welche die welfische Besitzexklave an der Unstrut wirtschaftlich nutzten.

Welfische Lehen und deren Inhaber im Umfeld Homburgs

Der Thiemsburgwald: Ein ansehnlicher welfischer Gutshof war die Thiemsburg mit ihren Wäldern, Feldern und Gebäuden.[154] **Heinrich von Weida** hatte 1143 den Wald, der als Lehen Gertruds der Jüngeren und Heinrichs des Löwen auf ihn gekommen war, mit allem Zubehör dem Kloster überlassen. Schon bald scheint dem Kloster dieser Besitz aber wieder streitig gemacht worden zu sein. Schon 1196 musste Landgraf Ludwig III. die Beilegung eines Streits zwischen **Abt Ludwig** von Homburg und Graf **Adelger von Hohnstein** beurkunden. Im Vorfeld hatten zwei gräfliche Ministeriale, **Adelbert** und **Lehenhard von Allerstedt**,[155] versucht, sich den Wald anzueignen.[156] Nicht nur Heinrich von Weida scheint dort ein Lehen gehabt zu haben, sondern auch die Familie von Salza.[157]

(Langen)Salza: In Salza selbst müssen sich umfangreichere welfische Besitzungen befunden haben: **1162** erscheint ein **Hard-(r)adus von Salza** als welfischer Ministeriale in den Quellen.[158] Kaiser Otto IV. [1198–1218] schenkte dem Kloster **1197** die Güter seiner Ministerialen **Friedrich** und **Hertrad**.[159]

1202 erhielt das Kloster Homburg 4½ Hufen Landes, eine Mühle und 10 Höfe zu Salza, welche zuvor ein gewisser **Friedrich von Espelstedt** als welfisches Lehen besessen hatte.[160]

In einer undatierten Urkunde (um **1225**) bezeugt Pfgf. Heinrich – der Sohn Heinrichs des Löwen – dem **Hugo von Salza** weder Klostergüter noch Besitztümer seiner Ministerialen verlehnt zu haben. Dabei tauchen die Namen folgender Dienstleute auf: **Friedrich von Oppenstedt**, ein Mann namens **Wigand** sowie **Walter von Reinsdorf**.[161] Auch ein **Albertus de Schonstede**,[162] aus dem Nachbarort von Homburg, soll ein Lehen ›des Löwen‹ besessen haben.[163]

Graba: Große Teile des Dorfes Graba waren einmal welfisch. Die Reichsstadt Mühlhausen hatte im 15./16. Jahrhundert das ganze Dorf als Lehen der Herzöge von Braunschweig-Lüneburg inne.[164]

Die welfischen Lehen um Homburg waren keine zusammenhängenden Gebiete, dennoch ist Homburg klar als Zentrum der thüringischen Besitzungen der Welfen erkennbar. So beurkundete Heinrich Pfgf. bei Rhein 1202 die Güter, welche er in der zu Paderborn getroffenen Erbteilung erhalten hatte. Darunter befand sich das gesamte thüringische Erbgut mit dem Kloster Homburg.[165]

Besitzgeschichte der Nachbarschaft

Homburg taucht erst am Ende des 11. Jahrhunderts in den Quellen auf. Wir wissen nicht, welche Herren die Gegend ursprünglich unter sich aufgeteilt hatten und wem letztenendes das Gebiet gehörte, auf dem das Kloster errichtet wurde. Es bietet sich daher einmal an, die Besitzgeschichte der Nachbarorte Langensalza, Thamsbrück, Altengöttern und Schönstedt vor dem 11. Jahrhundert zu untersuchen: Erschwerend dabei ist, dass sich im Untersuchungsgebiet die Grenzen von gleich vier altthüringischen Gauen getroffen haben: Graba, Körner, Heilingen und Altengöttern befanden sich im **Vatergau**, Thamsbrück im **Altgau** und Nägelstedt im **Nabelgau**,[166] Langensalza, Heroldishausen und Zimmern dagegen im **Altgau**.[167] Homburg dagegen wird einerseits dem Altgau zugeschrieben, soll aber nach Göschel und Hessler (1957) tatsächlich im West(er)gau gelegen haben, wenn man die Unstrut als Grenze zwischen Wester- und Altgau ansieht und das westlich davon gelegene Homburg letzterem zuspricht.[168] Schon nach dem Untergang des Thüringerreiches seitens der Franken im Jahre **531** hatten die Sachsen für ihre Mithilfe hierbei Gebiete davon erhalten. Dem Namen nach war der Altgau der historische und kulturelle Kern des frühmittelalterlichen Thüringens. Zu Beginn des 8. Jahrhunderts stand ein großer Teil des Landes unter mainfränkischer Kontrolle. Die Herrschaft übte ein in Würzburg residierendes Geschlecht aus, das den Leitnamen ›Heden‹ trug. Die Familie war für ihre umfangreichen Schenkungen an Kirchen und Klöster bekannt und bemüht christliche Missionare ins Land zu ziehen. Die auf die Merowinger in der Herrschaft über das Frankenreich folgenden Karolinger haben es besser verstanden, Thüringen an ihr Reich zu binden und das Saalegebiet in ihr Markensystem einzubeziehen. Im 9. Jahrhundert scheint ein Großteil des Unstrutlandes im Besitz der Klöster Hersfeld und Fulda gewesen zu sein. Vieles davon beruhte auf Schenkungen Karls des Großen und anderer Edler. Das erinnert freilich an die Legende von der Gründung Homburgs durch den großen Kaiser. Nach **800** erscheinen

in einem Güterverzeichnis des Klosters Hersfeld 15 Hufen zu Körner und 2 Hufen zu Salzaha.[169] Vor **811** vermachte Erphol, ein überaus mächtiger Adeliger aus Mainfranken dem Heiligen Kilian zu Würzburg seinen Besitz in Gottern.[170] **852** besaß das Kloster Fulda Güter in Schonstedt[171] und erbte im Jahre **860** 79 Joch zu Salzaha von einem gewissen Gebolf.[172] Zwischen **845** und **876** verfügte Ludwig der Deutsche [843–876] zugunsten des Reimser Erzstuhls die Rückgabe von Gütern in Schönstedt.
Ein Schenkungsverzeichnis des Klosters Fulda enthält den Namen eines Günthers zu Schönstedt sowie eines gewissen Megenburch der Güter zu Thamsbrück verschenkte.[173]
Nachdem der Markgraf der Thüringisch-Sorbischen Mark Burchard im Jahre **909** mit seinem thüringisch-fränkischen Heer im Kampf gegen die heidnischen Ungarn untergegangen war, riss der mächtige, in Thüringen reich begüterte Sachsenherzog Otto die Macht im Land an sich und entzog es für immer dem fränkischen Einfluss. Schon im Jahre **932** tauschte sein Sohn **König Heinrich I.** [919–936] 12 Orte im Alt/Westgau, darunter *Saltzaha* gegen Güter des Klosters Hersfeld ein.[174] Indem es dem sächsischen Herzog im Jahre 919 gelungen war, den deutschen Königsthron zu besteigen, konnte er Thüringen nicht vollständig an Sachsen heranziehen, weil das die Kräfte seines noch jungen Königtums mit Sicherheit zersplittert hätte. Allerdings kam es auch nicht zur Begründung eines Thüringischen Landesherzogtums, obwohl neben dem Königtum hier zwei mächtige Grundbesitzer, der Graf von Weimar (später Haus Orlamünde) und die Herren von Gene – letztere kontrollierten die im Osten gelegene Mark – wirkten. Von diesen beiden Häusern stieg ersteres in der Folge zur wichtigsten Familie im Lande auf, wobei es im Jahre 1002 bei einem Besuch **Kaiser Heinrichs II.** [1002–1024] als Fürsprecher für alle Thüringer auftrat und nach fast 500 Jahren endlich die Aufhebung des 531 von den Franken den geschlagenen Thüringern auferlegten Schweinezinses erlangte. **101(7)** hielt sich Kaiser Heinrich II. auch in der Unstrut-Gegend auf und stellte in Gottern eine Urkunde für das Kloster Kaufungen aus.[175] Indem die Orlamünder zwischen 1046 und 1067 auch die Markgrafenwürde über Meißen innehatten, mussten sie aus Thüringen immer wieder bedeutende Kräfte abziehen. Infolge des Fehlens einer fürstlichen Gewalt im Land erstarkten bis zum 12. Jahrhundert neben zahlreichen kleinen Adelsgewalten auch eine ganze Reihe von Grafengeschlechtern, die sich teils auf Reste alter Gaugrafschaften, teils auf Allo-

dialgüter (Eigenbesitzungen) stützten, die von der Gerichtsbarkeit größerer Gewalten eximiert worden waren. Um diese unter Kontrolle zu bringen, wurden vom Königtum 1111/12 Hermann von Winzenburg und 1131 Ludwig I. als ›starke Männer im Lande‹ aufgebaut und ab letzterem gelang es schließlich, die Landgrafenwürde in der Ludowingischen Familie erblich zu erhalten, bis diese 1247 durch Erbschaft dann an die Wettiner überging.[176]

Zusammenfassend kann man sagen, dass die Gegend als Teil des thüringischen Altsiedellandes schon in früheren Zeiten besitzrechtlich ebenso zerstückelt war wie nachmals im 12. Jahrhundert. Es ist nicht ausgeschlossen, dass Homburg eine Gründung Kaiser Karls war. Ebenso hat das Gebiet im 9. Jahrhundert sicher einem der beiden Klöster (Fulda oder Hersfeld) gehört. Vielleicht wurde in Homburg eine Filiale ausgebildet oder ein Klosterhof betrieben. Die vorzügliche Qualität des Standorts weist auf eine frühe Nutzung hin. Doch gleich wem die Homburg im 9. Jahrhundert gehört hat. Es ist – falls es eine solche je gegeben hat – keine Besitzkontinuität zwischen dem 9. und dem 12. Jahrhundert feststellbar. Angesichts der diskontinuierlichen Besitzgeschichte der Umgebung muss eher das Gegenteil vermutet werden. Somit lässt sich nicht sagen, wenn die Homburg vor den Ahnen der in unseren Urkunden fassbaren Klostergründer zu Eigen war.

Status und Besitzumfang Heinrichs von Weida

In diesem Kapitel wird sich auf die Suche nach dem Besitzschwerpunkt der Ministerialenfamilie von Weida begeben. Dabei werden Urkunden des benachbarten Klosters Volkenroda einbezogen.
Dort können einem Heinrich von Weida Besitzrechte in Graba, vor allem aber am sogenannten ›Herzogswald‹ nachgewiesen werden. Bei der abschließenden Rekonstruktion des Besitzverzeichnisses derer von Weida werden auch die topographischen Verhältnisse, in und um den Grass/Herzogswald mit berücksichtigt werden.
Als **Vorüberlegung** gehen wir davon aus, dass es neben dem Streubesitz um Homburg noch einen zweiten brunonischen bzw. süpplingenburgischen Besitzkomplex in diesem Teil Thüringens gegeben hat: Dieser umfasste im Kern jeweils auf einer Breite von ca. fünf Kilometern den Raum Graba-Volkenroda/ Herzogswald-Saalfeld / Windeberg-Wüstung Wida / Großer Hardtwald und wird zumindest zu Beginn des 12. Jahrhunderts territorial noch nicht zersplittert gewesen sein.

Körner – Bremendorf – Bogisile

In der zu Königslutter ausgestellten Urkunde von 1143 überlässt das Kloster Homburg dem Heinrich von Weida als Entgelt für die Auflassung seines Anteils am Thiemswald Einkünfte in Körner (2 Pfund Silber jährlich), Bremendorf und Bogisile (1 Pfund).[177]
Vermutlich hat die Abtei damit weit entfernten und demzufolge schwerer nutzbaren Besitz abgestoßen. Dieser entstammte höchstwahrscheinlich dem Güterfundus, den Kaiser Lothar 1136 dem Kloster vermacht hatte. Inwieweit diese Grundstücke dem süpplingenburgischen oder brunonischen Erbteil entstammten, wird später noch zu eruieren sein. Bestimmt haben die Besitzanteile am Thiemswald, am Herzogswald, sowie in den drei genannten Dörfern einmal ein- und demselben Lehnsherrn gehört.
Der Besitz in Körner, Bremendorf und Bogisile wird entsprechend groß gewesen sein, denn jährliche Einkünfte von 3 Pfund Silber setzen eine bestimmte Wirtschaftskraft voraus. Heinrich von Weida wird – wenn man seine anderen Besitztümer bedenkt – kein ›kleiner‹ Ministerialer gewesen sein.[178] Auch die Häufigkeit seiner Erwähnung in den Urkunden Heinrichs des Löwen deutet in diese Richtung.[179] Ob und wie das Land in Bremendorf und Bogisile besitzrechtlich verteilt war, wissen wir nicht, wohl aber, dass die Flur von Körner viele Herren hatte, ja später sogar einmal ein weitverzweigtes Ministerialengeschlecht hervorgebracht hat.[180]

Das Kloster Volkenroda

Während wir bei der Gründung des Klosters Homburg noch im Dunkeln tappen, scheinen für das Gebiet bzw. die Burgruine, auf der später das Kloster Volkenroda errichtet wurde, auf dem ersten Blick weniger Zweifel zu bestehen:

Die Stiftung von Volkenroda [181]

In einer Urkunde von ›1130‹ soll Helinburgis – die Schwester des Grafen Lamprecht von Tonna, als Gräfin von Gleichen – von König Lothar tauschweise für die Güter ›*Muerstedi*‹ und ›*Belehenen*‹ das Dorf sowie das **zerstörte königliche Schloss** ›*Volkenroth*‹ erhalten haben. Dieses entstammte **als königliches Lehen**[182] dem Fundus **des Landgrafen Ludwig von Thüringen**.[183] Letzterer ›*comes Thuringicus* [184]‹ habe den Besitz vorbehaltlich der Vogtei für sich und seine Nachkommen auflassen müssen. Zum Gut gehörten u. a. Teile des ›*silva Mörlingensi*‹. Als Zeugen waren laut Unterschriftenliste neben anderen Dienstleuten Bernhard de

Trefurt (Nr. 5), Conrad de Salfildi (10), Leupold de Guttern (11) sowie Alfried de Kunere (15) anwesend gewesen.

Quellenkritik zur Urkunde von ›1130‹[185]

An der Echtheit dieser Urkunde hatte es schon immer Zweifel gegeben. Diese hatten sich bisher auf den Umstand bezogen, dass die Urkunde nur noch als Abschrift erhalten war und Status wie Genealogie einer Gfn. Helinburgis der Forschung unklar blieben. Später hat Petke die Berechtigung dieser Zweifel bewiesen: Die Urkunde war gefälscht worden! Nun könnte man vermuten, dass Teile der in die Fälschung übertragenen Daten einer heute nicht mehr erhaltenen Urkunden entstammen[186] und die überlieferten Daten somit nicht vollständig von der Hand zu weisen sind. Doch entstammt die Fälschung vermutlich dem 18. Jahrhundert, also einer Zeit, in der wieder damit begonnen worden ist, sich für alte Urkunden zu interessieren. Somit müsste der in der Urkunde verhandelte Sachverhalt für uns obsolvet sein;[187] allerdings: woher nahm der Fälscher die Informationen?

War Volkenroda einmal Reichsgut?

Die Fälschung bezeichnet Volkenroda als königliches Lehen. Was sagen die anderen Quellen über die Gründer Volkenrodas?

Fenske geht auf der Basis von Lamprechts Annalen (cap. 179) davon aus, **Heinrich IV. habe** neben 7 weiteren Burgen auch **die Burg ›Volkenroth‹** errichtet.[188] Dagegen vermutete die ältere Forschung (Tettau) eine Abtragung der Burg durch den König im Jahre 1073.[189] Wir sind an dieser Stelle geneigt, der neueren Forschung Fenskes zuzustimmen. Wenn das königliche Tafelgüterverzeichnis nach neuester Sicht tatsächlich der Zeit um 1164/65 entstammt, wundert es nicht, wenn eine Burg Volkenroda darin nicht mehr vorkommt. Im Gegenzug ließe sich der Ort Volkenroda aber ohne weiteres in die Reihe der 5 Höhenburgen Heinrichs IV. am Südharzrand einfügen.

Dass es sich bei jenem *Volkenroth* tatsächlich um das 1160 als ›wüst‹ bezeichnete Dorf ›Vockenrode‹ gehandelt hat, ist eher unwahrscheinlich. Im Jahre 1073 wollte die Gemahlin Heinrichs IV. in Volkenroda die Geburt ihres Sohnes abwarten, musste jedoch, bedrängt von den aufständischen ›Thüringern‹, anderswohin ausweichen.[190]

War demnach das königliche Lehen *Volkenroth* 1073 in der Hand des Pfalzgrafen Friedrich von Sachsen?

Es kann heute nicht mehr geklärt werden, ob Pfgf. Friedrich bzw. sein ›Amtsnachfolger‹ Lothar von Süpplingenburg Volkenroda dem Reich entfremdet haben oder ob die Anlage im Gegenzug ihnen entfremdet wurde.
Befand sie sich einstmals im Allodialbesitz[191] sächsischer Großer oder hat der König lediglich Reichsgut gegen Entschädigung sozusagen ›privatisiert‹? Wir gehen von letzterer Annahme aus.

Volkenroda im Besitz Lothars von Süpplingenburg?

Für unsere Fragestellung, wem der benachbarte Herzogswald ursprünglich gehörte, wäre es entscheidend, beweisen zu können, dass *Volkenroth* einmal den Brunonen, Süpplingenburgern oder deren Verwandten gehört hat.[192] Rudolphi vermutete, Lothar von Süpplingenburg habe um 1100 das Kloster Volkenroda gegründet.[193] Doch existieren keine Quellenbelege. Dagegen führte Tettau (1871) an, Lothar sei um diese Zeit noch zu jung und nicht in Würden dafür gewesen. Die Süpplingenburgischen Güter hätten sich zudem weiter entfernt um Süpplingenburg und Halberstadt konzentriert. Nach neuerer Sicht hingegen war Lothar um diese Zeit bereits 27 Jahre alt und es gibt ebenso keinen Hinweis darauf, dass die Süpplingenburger im Unstrutgebiet nicht begütert waren. Das zeigt auch eine mögliche Stiftungstätigkeit der Vorfahren Lothars in Homburg. In diese Richtung verweisen auch die Erkenntnisse Pischkes,[194] die sich auf Hüttenbräuker[195] und Vogt[196] stützt. Sie glaubt, dass Volkenroda ein Allodialgut Lothars von Süpplingenburg gewesen sei. Als Nachweis bezieht sie sich vor allem auf die Volkenrodaer Urkunde von 1154.[197] Leider kann das Problem nicht klar entschieden werden. Wir verweisen daher auf ein späteres Kapitel.[198]

Die Beziehungen Gertruds d. J. und Heinrichs zu Volkenroda?

1139/54 haben sich Gertrud die Jüngere bzw. deren Sohn Heinrich der Löwe durch Schenkungen an das Kloster Volkenroda hervorgetan. Welche Beziehungen hatten die beiden zum Kloster? Warum bemühten sie sich, das Kloster durch Schenkungen gewissermaßen zu sanieren? Drei Motive werden dabei evident:
a) Die Anlage war einmal im Besitz eines Vorfahren (Lothar III.?) oder ein solcher liegt dort begraben. Entgegen der bisherigen Annahme,[199] das Kloster Volkenroda sei eine Gründung der Gfn. Helinburgis gewesen, ging Vogt von der Gründung durch Kaiser Lothar III. aus.[200]

b) Die Stifter haben entfernten Streubesitz abgestoßen bzw. das Kloster wollte seinen Besitz abrunden und trat an die beiden mit der entsprechenden Bitte heran.
c) Schon damals war den Schenkungswilligen die große Bedeutung des Klosters für den geistigen Aufbruch im Lande gegenwärtig. Am Ende kann man jedoch keines dieser Motive beweisen.

Die Urkunde von 1139 [201]

Der Sachverhalt dieser Urkunde ist vollkommen unklar. Wir erwähnen sie nur als Beispiel dafür, wie schnell in der Mediavistik[202] Fehler entstehen, die von späteren Forschern unhinterfragt übernommen werden: Kern der Urkunde ist eine Besitzabrundung des Klosters Volkenroda. Vermerkt ist die Schenkung der Fort-Mühle bei Graba sowie eines Drittels des Herzogswaldes seitens der Herzogin Gertrud und ihres Gemahls Heinrichs des Stolzen. Dazu kaufte der Abt des Klosters noch einen Hof und einige Ländereien in der Nähe jener Mühle um 5 Mark Silber von Heinrich von Weida.[203]

Schmidt wie auch Dobenecker haben die Urkunde jeweils in ihre Sammlungen aufgenommen. Letzterem fiel dabei auf, dass die Informationen von Schmidt unhinterfragt aus Herquets Mühlhäuser Urkundenbuch übernommen und veröffentlicht worden waren. Das Missverständnis bestand darin, dass »Rudolphi (Gotha dipl. II S. 267 §4), der die Bezeichnungen ›*Fort-Mühle*‹ und ›jetzo das Grass genannt‹ als Erklärungsversuche in seine Notiz« aufgenommen hatte, die Angabe wiederum »aus der bei B. Schmidt (1c.) unter Nr. 10 aufgeführten Urkunde entlehnt« hatte.[204]

Die Urkunde von 1154 [205]

Hierin bekennt Heinrich, Herzog von Sachsen und Bayern, »*quod pater noster Heinricus et mater nostra ducissa Gerdrudis terciam partem silve, cui nomen silva ducis, monasterio, quod dicitur Folkoldiroth*« geschenkt zu haben. Dazu gehörte auch eine »*molendinum quoddam positum in extremitate ville, que Graba nominatur*«. Diese Mühle hatte der welfische Ministeriale Luitmund zuvor gegen Zahlung von 5 Mark Silber aufgelassen, resignierte allerdings die Mühle gegen die Überweisung einer weiteren Mark an den Herzog. Ausserdem verkaufte jener Dienstmann dem Kloster für 4 Mark eine weiteres Gehöft (*Curtile*) jenseits des Flusses gegenüber der Mühle nebst einer Wiese. Ebenso genehmigte der Herzog, dass sein Dienstmann **Heinrich von Weida**, **der den**

übrigen Teil des Herzogswaldes besitzt, eine Hufen dem genannten Kloster um 5 Mark verkaufen darf.[206]

Der Verkauf der Rietmühle
Mit letztbesprochener Urkunde hören die zeitgenössischen Quellen über welfischen bzw. weidaischen Besitz in der Umgebung des Herzogswaldes auf und wir müssen uns aussageschwächeren Sekundärquellen zuwenden: In einer undatierten Urkunde[207] aus der Zeit zwischen 1209 und 1230 bekennt ein ›*H. senior advocatus de Wida*‹, dass er die Rietmühle, die zwischen Körner und Graba liegt, mit Zustimmung des Ritters, der die Mühle betrieben hat, dem Kloster Volkenroda übereignet hat. Sein Freund, der Kämmerer von Mühlhausen – so erfahren wir weiter – habe seinen Widerstand dagegen eingestellt. Allerdings ist fraglich, ob jener Kämmerer im Eigeninteresse oder zum Nutzen der Stadt gehandelt hat. Es ging sicherlich um Wasserrechte.**[208]**

Besitzauflassung wegen Auswanderung?
Für Schmidt hört mit dem Verkauf der Rietmühle die Präsenz der Weidaer im Unstrutraum endgültig auf. Er stellt den Vorgang mit anderen Abtretungsgeschäften eines Weidaers, angefangen mit der Auflassung der *Simonis et Jude*-Kapelle zu Homburg sowie des Thiemswalds 1143 in eine Reihenfolge und will damit beweisen, die Herren von Weida wären vom Unstrutraum ins Elsterland abgewandert, nachdem sie ihren dort Besitz abgestoßen hätten.[209]
Wir hingegen glauben, dass die Veräusserung der Besitzstände, die sich über beinahe 100 Jahre hinzieht, andere Ursachen gehabt haben dürfte: Wahrscheinlicher ist, dass die beiden Klöster Homburg und Volkenroda bestrebt waren, Land im ihrem Umfeld zu erwerben bzw. die eigene Autarkie zu erhöhen. So ist der Erwerb des Thiemswaldes durch den Homburger Abt mehr vom Holzmangel der Mönche bestimmt gewesen. Doch schließt das eine das andere nicht aus. Mit der Auflassung der Homburger *Simon et Jude*-Kapelle kann Heinrich von Weida ebensogut entfernten Streubesitz ›günstig‹ abgestoßen haben. Diese These wird bei der Betrachtung der Grunderwerbspolitik des Klosters Volkenroda beinahe zur Gewissheit. Wie in den Urkunden der Abtei unschwer zu erkennen ist, war die Klosterverwaltung lange Zeit bestrebt, alle Mühlen in der Umgebung aufzukaufen, um den Mahlzins bestimmen zu können.[210]

Besaß Heinrich von Weida ein Lehen in Saalfeld?

Auch in Saalfeld bei Volkenroda [wo ein mit diesem Namen zubenannter Ministerialer seinen Sitz hatte] scheinen die von Weida Güter besessen zu haben. In einer Urkunde vom 8. September 1348[211] findet sich die Notiz, dass Ottilie von Wilverstede als Vormund ihrer Kinder dem Kloster alle Rechte an einer Hufen Land und einem Hof, »*die czu Salvelt gelegen sin, die vor vele iarn* **Henrich von Wyda** *geheisen deme Kloster czu Volkolderode rechtlin unde redilin gegebin hatte dorch got.*« Dabei wurde der Zins an einem Hof verkauft, der einst von Heinrich von Weida überlassen worden war.[212]

Der Umfang der Grundherrschaft Heinrichs von Weida

Fassen wir einmal kurz alle Besitztümer und Rechte der Ministerialenfamilie von Weida im Unstrut-Raum zusammen:

Homburg: 1143 Schenkung der Marienkapelle seitens der Herzogin Gertrud d. J. bedarf der Zustimmung Heinrichs von Weida u. a.. Thiemswaldgut mit Äcken und Wäldern als Lehen jener Gertrud. *Simon et Jude*-Kapelle nebst Wiese aufgelassen.

Herzogswald und Umgebung: Gegen das Thiemswaldgut Einkünfte in Körner, Bremendorf und Bogisile zugewiesen bekommen. Es ist anzunehmen, dass Heinrich von Weida dort seinen Besitz abgerundet hat.[213] 1154 im Besitz von zwei Dritteln des Herzogswaldes mit mindestens einem bewirtschafteten Hof.

1270 Ein Angehöriger der Familie tritt die Rietmühle bei Graba ab.

1348 Die Zinsen eines Hofs in Saalfeld hat einstmals ein Heinrich von Weida besessen.

Vielleicht hat sich der Hauptbesitz um das Dorf **Wida** gruppiert, das lange Zeit den Nachnamen des Geschlechtes bildete. Doch wird der Ort nicht vor dem Jahr 1275 urkundlich erwähnt.[214]

Diese nachweisbaren Besitztümer erscheinen auf den ersten Blick der bedeutenden Stellung des welfischen Ministerialen nicht angemessen zu sein. Wer weiss, welche Grundstücke und Rechte nicht überliefert sind. So vermuten wir noch 2 weitere Orte (Forst und Widengehege) im Besitz der Weidaer. Bei näherem Hinsehen, ist der Besitz dennoch beachtlich. Immerhin wurden allein für den Thiemswald mehrere Pfund Silber allein an Jahreszinsen eingenommen. Auch die von Heinrich von Weida erzielten Verkaufserlöse von mehreren Talenten Silber waren enorm. Der Besitz zweier Kapellen in einer ansehnlichen Siedlung[215] spricht für eine gewisse Besitztradition wie auch für ein beachtliches Ansehen vor Ort.

Vielleicht wurden die Kapellen einstmals – doch das ist höchst spekulativ – aus dem, von den Nonnen veräusserten Klosterbesitz ›günstig‹ erworben. Vielleicht entstammten die zum Erwerb derselben aufgebrachten Mittel ›dem schnellen Geld‹ aus der Salzförderung im Herzogswald. Die zur ehemaligen Gewinnung des ›weissen Goldes‹ in Frage kommenden Örtlichkeiten – um den Ort Wida herum – könnten zu dieser Zeit im Besitz jener Familie gewesen sein. Hinzu kämen mögliche Zolleinkünfte an der Fernverkehrsstraße in unmittelbarer Nachbarschaft des Ortes (Siehe nachfolgendes Kapitel). Parallel dazu werden der Herzogswald an sich und der Mühlenbetrieb[216] beachtliche wirtschaftliche Möglichkeiten geboten haben, obwohl wir nicht wissen, welche Ausmaße das Ganze im 12. Jahrhundert hatte.[217]

Damit verliert die These der Herren Jörn, die Weidaer würden aus Wieda im Harz stammen, beträchtlich an Aussagekraft. Abgesehen von den umstrittenen Besitz zu Kaminatha,[218] sind weidaische Besitztümer – vom Elstergebiet abgesehen – nur noch im Unstrutgebiet in dieser Fülle zu finden gewesen. Urkundlich belegte Lehnsherren jener Güter, waren – abgesehen, von Wida, Saalfeld und der Rietmühle, die nur sekundär zugewiesen werden können – ausschließlich Gertrud die Jüngere[219] bzw. ihr Sohn Heinrich der Löwe. Ganz gleich, ob das Kloster Homburg oder Volkenroda beschenkt wurde.

Die Wüstung Wida – Stammsitz derer von Weida?

Dieses Kapitel will auf der Grundlage archäologischer und landeskundlicher Erkenntnisse folgende Fragen beantworten:

a) Was ist von dem Stammsitz der Weidaer noch erhalten und welche wirtschaftlichen Möglichkeiten boten sich dem Besitzer vor Ort?

b) Inwieweit kann man das Gebiet zwischen Graba und dem Hardtwald –in dessen Mitte sich Volkenroda, Saalfeld sowie die Wüstung Wida befinden – als ehedem zusammenhängenden Besitzkomplex ansprechen, der im 12. Jahrhundert noch bewaldet war und unter der Regie eines ›Herzogs‹ von Siedlungsunternehmern erschlossen wurde, während das Umfeld als Thüringer Altsiedelland bereits seit Jahrhunderten territorial zersplittert war?

c) Waren möglicherweise gar die Vorfahren der Ministerialen von Weida mit der Erschließung ebenjenen Waldes beauftragt? Haben sie möglicherweise ihren gesellschaftlichen Aufstieg als Siedlungsunternehmer begonnen, oder erhielten sie erst später dort Land als Entgelt für treue Herzogsdienste?

Der Herzogswald

Wüstungsforscher nehmen an, dass sich der Herzogswald einmal von den Höhen des westlich gelegenen Forstberges, zusammenhängend bis zum nördlich gelegenen Volkenrodaer Wald, und von da bis zur nordwestlich gelegenen Hardt/Dün erstreckt hat. Die Rodung jenes Gebietes scheint um 1100 herum begonnen worden zu sein. »Nur die Siedlungen zuerst Saalfeld in einem ehemaligen Sumpfgebiet dieses Waldes, dann Wida und Windeberg wurden darin angelegt, an den begehrten Salzquellen.« Nachdem man den ›Urwald‹ für Ackerbau und Viehzucht gerodet hatte, muss später noch einmal eine zweite Rodungsepisode erfolgt sein. Darauf verweisen heute noch einige Flurbezeichnungen wie ›unterm Rode‹ und ›Rodegelänge‹.[220] Mehr lässt sich zur Bestätigung der These nicht sagen. Der Name des Herzogs, nach dem der Wald benannt wurde, ist nicht mehr zu ermitteln. Man könnte einen der Sachsenherzöge annehmen und eine Verbindung zum Wald und dessen Erschließung durch verdiente Ministeriale – und somit auch zu den Weidaern – herstellen.

Mangels Quellenmaterials steht diese These jedoch auf tönernen Füßen, auch wenn damit erklärt werden könnte, welchem Fundus die Schenkungen Gertruds der Jüngeren und Heinrichs des Löwen für das Kloster Volkenroda entstammt haben mögen.

Der Ort Wida

Der Ort Wida wurde erstmals **1275** urkundlich erwähnt, als eine Hufen ebenda an den Deutschen Orden gelangte.[221] Vor **1302** scheinen die Orte Wida und Forst, welche sich nordwestlich in unmittelbarer Nachbarschaft des heutigen Herzogswaldes befanden, der Familie von Schellevitz gehört zu haben. Wenn beide Orte einstmals im Besitz der Familie von Weida gewesen sind, waren dann die Schellevitzer deren Nachfolger im Besitz?[222] **1339** und 1342 verkaufte die Familie Zinseinnahmen und Rechte in Wyda und Forst an den Mühlhäuser Rat. **1342** tat die Familie von Willenstedt dasselbe mit ihren Besitzungen in Salvelt und Wida.[223] **1428** wurde der Ort zusammen mit Windeberg und Lengefeld von den Hansteinern zerstört. Wiederaufbau lohnte wohl nicht, weil der Standortvorteil, der ehedem zur Begründung von Wida geführt hatte – mehr die Salzquellen als die landwirtschaftlichen Nutzflächen – nicht mehr vorhanden war und man sich zudem den Nachwehen der spätmittelalterlichen Agrarkrise ausgesetzt sah. **1568** erfolgte der Abbruch der Ruinen von Wida und Forst.[224]

Herrschaft – Wirtschaft – Verkehr

Die sekundären Quellenhinweise machen es nicht unwahrscheinlich, dass zumindest Wida, Forst und Saalfeld einmal eine zusammenhängende Kleinherrschaft gebildet und somit die Basis für den Aufstieg der Familie von Weida gedient haben könnten.
Die dortigen **Salzquellen**[225] würden eine willkommene Einnahmequelle geboten haben, jedoch nicht die Bergwerke auf dem Grass. Diese wurden erst nach 1300 angelegt.[226] Auch verkehrstechnisch war das Gebiet gut angebunden. Ein ehemaliger Hohlweg, wohl die ehemalige **Handelsstraße**, verbindet noch heute die beiden Orte Volkenroda und Saalfeld und führte auch in unmittelbarer Nähe an Wida vorbei. Hier könnten sich dem Grundherrn potentielle Zoll- und Geleitseinnahmen geboten haben.

Was sagt die Bodenforschung?

Von Wida sind heute nur noch die Umrisse der niedergelegten Höfe um den ehemaligen Kirchhof herum sichtbar. Die anliegenden Flurstücke heissen dementsprechend ›Am Widenweg‹ oder ›Widescher Kirchhof‹. In der Nähe wurde eine weitere Wüstung ›Am kleinen Widengehege‹ festgestellt.[227] Diese Bezeichnungen sprechen für den Namensforscher eine deutliche Sprache.

Wo befand sich die erste Burg Weida?

Gesetzt dem Fall, dass die Wüstung Wida etwas mit den Herren von Weida zu tun hatte – eine Frage können weder Quellen noch Bodenforschung beantworten: Wo befand sich die erste Burg dieses Geschlechts? Im Umfeld der Wüstung lassen sich keine Reste einer Wallanlage feststellen, auch sticht keiner der Hofumrisse durch besondere Größe hervor. Lediglich im Wald oberhalb der Wüstung Forst lassen sich Reste zweier Warttürme ausmachen, die aber erst nach der Entwaldung der Anhöhe errichtet worden sein dürften.[228] Inwieweit die Weidaer Ministerialen mit der in unmittelbarer Nachbarschaft Widas gelegenen ehemaligen Burg von Tutterrode[229] etwas zu tun hatten, bleibt noch zu erforschen. Übrig bleibt also nur die Annahme, im Flurteil ›Widengehege‹ könnte die ›erste Burg Weida‹ gestanden haben.
Die namenskundliche Analyse des Flurnamens verweist auf einen umgrenzten Sonderbezirk, auf ein bis zur Undurchdringlichkeit gehegtes und gepflegtes Waldstück. Gerade im Umfeld von alten Befestigungsanlagen [z.B. Haineck] kommen Flurnamen wie ›Hain‹, ›Hag‹ oder ›Verhau‹ recht häufig vor. Büsche aus Wildrosen und

Hainbuchen bildeten damals eine Hecke um einen geschützten Platz. Dabei hielt man etwa die Hainbuchen absichtlich durch Verknick und Verschnitt so kurz, dass kein Durchkommen mehr war. Das so entstandene Dickicht schützte die Wallanlage ebenso vor Feinden wie hohe Mauern oder ein breiter Wassergraben.[230]

Zusammenfassend zu diesem Thema lässt sich konstatieren: Es ist möglich, dass der Herzogswald – zusammen mit den Orten Wida, Forst und Widengehege – einmal eine zusammenhängende Grundherrschaft war. Vielleicht hatte sich die Ministerialenfamilie von Weida an der Erschließung dieses Gebietes beteiligt. Beweisen lässt sich das heute nicht mehr, wenn auch spätere Urkunden die Orte in einen gewissen Zusammenhang bringen. Gegen die These spricht, dass – die Etymologie des Flurnamens ›Am kleinen Widengehege‹ hin oder her – kein festes Haus auszumachen ist, wo das Weidaische Geschlecht gesessen haben könnte. Der Flurname könnte sich ebensogut auch auf einen ehemaligen Bannwald bezogen haben. Auch lässt sich nicht mehr ermitteln, ob jene Rodung zu der Zeit bzw. unmittelbar vor der Zeit erfolgte, in der unsere Geschichte spielt.[231] Wenn eine Verbindung Lothars von Süpplingenburg zu dem Kloster Volkenroda mit Sicherheit nachgewiesen würde, die ihn als ehemaligen Besitzer der Anlage ausweist, könnte man auch eine Beziehung zum Herzogswald und somit zu Heinrich von Weida als möglichen Dienstmann Lothars herstellen und alle unsere Fragen wären auf der Stelle gelöst.

Exkurs

Was die weitere Geschichte der Weidaer im Unstrutraum betrifft, seien der Vollständigkeit halber noch die <u>späteren Weidaer</u> erwähnt: Folgende Personen dieses Namens lassen sich noch nachweisen:

➢ **1209/30** Ein ›H. senior advocatus de Wida‹ übereignete die Rietmühle an das Kloster Volkenroda.

➢ **1223** saß ein Ritter von Weida an der Unstrut.[232]

➢ **1245–1261** wirkte ein Deutschordensritter namens Friedrich von Weida in Preußen.[233]

➢ **1297** Unter des ›consules Mulhusenses‹ befand sich ein Conrad von Wida.[234]

➢ **1323** Ein Gerlach von Weida erscheint als Mühlhäuser Ratsmitglied.[235]

➢ **1351** ist ein Hermann von Widen als Ratsmeister zu Thamsbrück nachweisbar.[236]

Weidaer unter Mühlhäuser Stadteliten – Nebenzweig oder Nachfahren?
An der oben besprochen, undatierten Urkunde[237] von 1209–1230 über den Verkauf der Rietmühle, wo ein ›*H. senior advocatus de Wida* [238]‹ bekennt, dass er die Rietmühle zwischen Körner und Graba mit Zustimmung des, diese betreibenden Ritters dem Kloster Volkenroda übereignen will, scheiden sich die Geister.
Die einen sehen darin einen Beweis für die Einfamilientheorie, die anderen führen die Quelle als Kern ihrer Argumentation an, dass es zwei Familien gleichen Namens gegeben hat, die aber nichts miteinander zu tun hatten.[239] Nun spricht in der Tat einiges dafür, dass ein Nebenzweig der Herren von Weida später in der Oberschicht der freien Reichsstadt Mühlhausen aufgegangen ist.[240] Dass sich Adelsfamilien weit verzweigten und demzufolge unterschiedlichen Herren dienten, haben wir bereits am Beispiel derer von Körner, von Salza, von Treffurt und von Schellevitz gesehen. Vielleicht hat der Mühlhäuser Kämmerer von 1209/30 mit jenem ›*H. Senior advocatus de Wida*‹ häufigeren Umgang gehabt, weil er in der Urkunde mit ›*nostram amicus*‹ betitelt wird. Vielleicht saßen beide im Rat von Mühlhausen. Ausserdem liegen die Mühle und der vorhin besprochene Hof zu Saalfeld nahe an dem Ort Wida. Schmidt hatte in seiner Arbeit eine Verwandtschaft der Mühlhäuser Ratsherren aus späteren Quellen mit den einstigen Gefolgsleuten Heinrichs des Löwen nicht ausgeschlossen, aber ebenso konstatiert, dass eine Verwandtschaft ohne schlüssige Beweiskette nicht nachvollziehbar sei, zumal zwischen beiden ein enormer Statusunterschied bestand.[241] Diesem Einwand kann jedoch mit der Theorie einer Nebenlinie begegnet werden. Auch räumte Schmidt ein, dass sich eventuelle Besitznachfolger der Herrschaft Weida ebenfalls mit ›*von Weida*‹ zubenannt haben könnten. Dies ist nicht unwahrscheinlich, wenn es auch unserer Vermutung von den Schellevitzern als Nachfolger der Weidaer in Wida und Forst widerspräche.
Abschließend bleibt noch zu konstatieren, dass Schmidts Versuche, eine chronologische Verbindung zwischen dem Verschwinden der Weidaer im Unstrutraum um 1180 und deren besitzrechtlichem Fassbarwerden im Elstergebiet vor 1200 nicht unproblematisch sind.
Die Beweisführung einer Veräusserung des weidaischen Besitzes um Homburg und Volkenroda verliert nichtzuletzt dadurch sofort an Schlüssigkeit, sobald man diese in den Kontext der lokalen Landerwerbspolitik der beiden Klöster stellt.

Welche personellen Verbindungen bestanden zwischen dem Unstrutgebiet und dem Pleißenland?

Bereits 1869 bot Cohn[242] eine interessante Idee, wie das Weidaer Geschlecht ins Pleißenland gekommen sein könnte. Auch Händle hat diese Theorie in seiner Arbeit übernommen:[243]

Danach sei ein Mitglied der Ministerialenfamilie von Weida, ein Dienstmann Gertruds der Älteren gewesen und ihr nachgefolgt, als diese im Jahre 1101 – nach dem Tod ihres dritten Gatten Markgraf Heinrich von Meißen – in der Mark für das Erbe ihres Sohnes eintreten wollte. Dort sei der Ministeriale auch nach dem Ableben seiner Herrin (1117) in Diensten des jungen Markgrafen – bis zu dessen frühen Tod 1123/24 – geblieben. Diese Theorie klingt zunächst plausibel, doch liegt eine Überinterpretation vor, zumal die Markgrafschaft sicher nicht das Elstergebiet tangierte.

Es bleibt in diesem Zusammenhang zu erinnern, dass auch andere Herren aus den thüringischen Kernlanden Beziehungen ›nach dem Osten‹ hatten und deren Mannschaft dort in Erscheinung getreten ist: So erlaubte Landgraf Ludwig III. von Thüringen seinen Ministerialen Ekehard von Gottern und Heinrich zu Heilingen, beide entstammten der unmittelbaren Nachbarschaft Homburgs, Güter[244] an das Naumburger Moritzkloster zu geben.[245] Diese Notiz ist beachtenswert, wenn man bedenkt, dass das Bistum zu Naumburg etwas mit dem Aufstieg der Vögte von Weida verknüpft war. Doch allein: Hier tut sich ein weiter Horizont auf und die Frage, warum die beiden an der Unstrut sitzenden Ministerialen Güter nach Naumburg gaben, ist wieder Stoff für eine neue Arbeit.

Heinrich von Weida – ein Dienstmann von . . . ?

Der nachfolgende Teil ist der eigentliche Kern dieser Darstellung. Wir wollen darin der Frage nachgehen, unter welchem Dienstherren der Aufstieg des Ministerialengeschlechts von Weida begann und auf wessen Grund Kloster Homburg errichtet wurde.

Wie eingangs zu sehen war, sind die Quellen zu dieser Frage sehr widersprüchlich, und selbst der neuesten Forschung (z. B. Brüsch) fiel es schwer, ein endgültiges Urteil zu fällen. Die spärlichen Quellen lassen sich nach mehreren Richtungen hin deuten. Darum kann auch diese Arbeit das Problem nicht endgültig lösen. Vielmehr sollen die einzelnen Theorien mit ihren Stärken und Schwächen dargestellt werden, damit es dem Leser selbst überlassen bleibe, sich selbst ein Urteil zu bilden.

Zunächst wollem wir die These einer süpplingenburgischen Gründung untersuchen. Möglicherweise lassen sich gemeinsame süpplingenburgische/brunonische Vorfahren konstatieren. Bei der probrunonischen Argumentation geht es um die Frage, ob Homburg der brunonischen, oder nordheimisch/boyneburgischen Erbmasse Gertruds der Jüngeren entstammt und in welcher Beziehung der Welfe Heinrich der Stolze zum Kloster stand. Danach sondieren wir die umstrittene Theorie, inwieweit es sich bei Homburg auch um alt-orlamündischen Besitz gehandelt haben kann. Am Ende soll geklärt werden, ob Homburg nicht eventuell Reichsbesitz und Heinrich von Weida ursprünglich ein Reichsministerialer gewesen ist, der mitsamt seinem Besitz zunächst süpplingenburgisch/ brunonisch, dann welfisch und am Ende wieder ein Dienstmann des Reiches unter Friedrich Barbarossa bzw. dessen Nachfolger Heinrich VI. [1190–1197] geworden ist.

Inwieweit wurde Kloster Homburg von den Vorfahren Kaiser Lothars gegründet?

Die Annahme, die Vorfahren Kaiser Lothars hätten das Kloster Homburg gegründet, stützt sich hauptsächlich auf die Homburger Urkunde von 1136.[246] Alle weiteren Hinweise zur Verifizierung der These beruhen auf Annahmen und Wahrscheinlichkeiten.

Weil Homburg ursprünglich ein Nonnenkloster war, geht man davon aus, dass es nur von einer ›hohen‹ Frau gegründet worden sein könne. Als Gründerin kommt dabei Hedwig, geborene von Formbach, die Mutter Kaiser Lothars, in Frage. Zudem wird ihr ein Motiv zugeschrieben, nämlich das Gedenken an den Tod ihres ersten Gemahls Graf Gebhard auf dem Schlachtfeld vor Homburg im Jahre 1073 bzw. 1075.

Wie wäre diesbezüglich die spätere Schenkungsaktivität Gertruds der Jüngeren bzw. der Kaiserin Richenza in den 1142/1211er Urkunden[247] zu bewerten? Als möglicher Grund wird ebenjene Eheverbindung der Brunonin Richenza – deren Mutter Gertrud die Ältere, in der Urkunde von 1142 als Gründerin bezeichnet wird[248] – mit Lothar von Süpplingenburg angegeben.»Im Zusammenhang mit dieser Eheschließung (wurde) die Ausstattung des Klosters, welches für das Seelenheil von Lothars Vater verantwortlich war, als Zeichen der künftigen Verwandtschaft aufgebessert.[249]«

Fragen zur Genealogie Lothars von Süpplingenburg

Gab es verwandtschaftliche Beziehungen zu
den Brunonen lange vor Lothar und Richenza?

Es besteht die Möglichkeit, dass die Familien Lothars und Richenzas irgendwann im 11. Jahrhundert einmal verwandt oder zumindest verschwägert gewesen sein können. Waren demnach die in der Urkunde erwähnten ›Vorfahren Lothars‹ gleichzeitig auch Ahnen Richenzas? Spielte man dabei auf Verbindungen an, die den Zeitgenossen des 12. Jahrhunderts noch bekannt waren? Die überaus verwickelten Familienbeziehungen der sächsischen Eliten im 11. Jahrhundert machen dies nicht unwahrscheinlich.

Die Genealogie der Brunonen ist spätestens seit dem Tode des namensgebenden Vorfahren **Bruno** [vor 1112] sicher bekundet.[250] Das Geschlecht ist eng mit der Gründung und dem Besitz von Braunschweig verbunden. Die ›Familiensage‹ geht weit in das 9. Jahrhundert zurück.[251] Fraglich ist, ob in der Familiengeschichte einer Hedwig geb. von Formbach oder eines Gebhard von Süpplingenburg irgendeine Spur nach Braunschweig führt. Mangels Materials müssen wir uns dabei auf spätere Chroniken beziehen.

Die Genealogie Hedwigs von Formbach

Nach der Sächsischen Weltchronik war der Vater von Hedwigs Mutter Gertrud, Graf Konrad, der Sohn des Mgf. Bernhard von der Nordmark. Er hatte das Amt von seinem gleichnamigen Vater übernommen. Der war im Jahr 1009 von Heinrich II. mit der Markgrafschaft belehnt worden.[252] Nach der Ermordung von Gertruds Ehemann Friedrich im Jahr 1059 begab sie sich nebst ihrer Tochter Hedwig zurück in ihre alte Heimat, nach Sachsen.

Dort scheint die junge Hedwig ihren späteren Gemahl Gebhard kennen gelernt zu haben. Bereits 1060 warb er um sie, jedoch erhob Erzbs. Adalbert I. von Bremen Einspruch gegen die Ehe, wegen zu naher Verwandtschaft. Im Anschluss wurde das Paar bei einer Synode in Halberstadt wieder getrennt. Gebhard hingegen scheint es nicht lange ohne seine Hedwig ausgehalten zu haben, holte sie mit Gewalt wieder zu sich und behielt sie trotz des Bannspruchs Bs. Burchards v. Halberstadt.[253]

Gebhards Schlachtentod vor Homburg sah der Chronist darum als Konsequenz dieser Tat. Auch wenn dieser lange Zeit nach den Ereignissen abgefasste Bericht quellenkritisch sehr zweifelhaft ist, birgt er doch zwei wichtige Hinweise: Die Vorfahren jener Hedwig stammten aus dem Norden des Reichs. Das junge Paar war mit einander verwandt gewesen. Das ergibt zwei Spuren, die nach Sachsen führen, wenn auch nicht zu direkt zu den Brunonen.[254]

Die Genealogie Gebhards von Süpplingenburg

Der Aufstieg dieses Geschlechts, das drei Generationen vor Lothar als Halberstädter Ministeriale aus dem Dunkel der Geschichte auftauchte und mit dem Kaisertum Lothars sein krönendes Ende fand, gilt in der Forschung als Sinnbild der enormen sozialen Mobilität in der Umbruchsphase des 11. Jahrhunderts.

Nach neueren Forschungen hatte Lothars Urgroßvater Luitger (ca. 1013–1031) seine Laufbahn als *Miles*[255] in Halberstadt begonnen und war später dem Mgf. Werner von Walbeck im Amt nachgefolgt.[256] Fenske hat die These aufgestellt, dass der Heilige Brun von Magdeburg ein Vorfahre Lothars war, weil Lothars Urgroßmutter Ida von Querfurt die Nichte jenes Bruns gewesen sein soll.[257] Dieser Brun wiederum, der seinerseits einem vornehmen Geschlecht entstammte,[258] war mit dem Chronisten Thietmar von Merseburg blutsverwandt.[259] Von Thietmar wiederum wissen wir, dass er dem Geschlecht der Grafen von Walbeck entstammte, die einerseits mit den Grafen von Stade,[260] andererseits aber mit dem Haus der Billunger verwandt waren. Ausserdem ist bekannt, dass die Mutter Heinrichs der Stolzen namens Wulfhild eine Tochter des Billungers Magnus war.[261] Der älteren Forschung war selbst der Name von Gebhards Großvater noch unbekannt gewesen. So hat sich Bernhardi[262] auf eine Quelle bezogen, die einen interessanten Hinweis auf eine mögliche Verbindung dieses Geschlechts mit den Brunonen liefert, die Braunschweig beherrschten. Darin wurde Gebhards Großvater, der Markgraf Luitger, als ›*princeps de Brunswic*‹ bezeichnet.[263] Dazu kommt jene im Vorfeld aufgegriffene These, wonach die Haldenslebener Großmutter Kaiser Lothars – namens Gertrud – mit Ludolf von Braunschweig verwandt gewesen sein könnte.[264] Wir haben also sowohl zwischen Billungern und Welfen eine verwandtschaftliche Beziehung, als auch zwischen Billungern und Süpplingenburgern, weil Lothars Großmutter Gertrud ihre Tochter Hedwig in ihrer Zweitehe mit dem Billunger Ordulf empfangen haben soll.[265]

Waren die Süpplingenburger demnach auch mit den Brunonen verwandt? War Lothars Urgroßvater als ›Fürst von Braunschweig‹ gar selbst ein Brunone? Ein Beweis, dieser Verbindung, der die widersprüchlichen Urkundengemengelage von 1136/1142/1143 auflösen würde, kann definitiv nicht erbracht werden. Solche weitreichenden genealogischen Verknüpfungsversuche sind für eine so frühe Zeit überaus unsicher.

Klostergründung Hedwigs von Formbach nach dem Tod ihres Mannes?
Bei Göschel taucht die These, dass Hedwig von Formbach nach dem Schlachtentod ihres Mannes das Kloster Homburg zu dessen Totengedenken gestiftet habe, noch nicht auf. Erst Förstemann zieht diese Möglichkeit in Betracht. Den einzigen Beleg dafür liefert er in der Annahme, das ehemalige Nonnenkloster müsse von einer vornehmen Frau gegründet worden sein.[266] So konnte erklärt werden, warum sich Lothar dem Kloster so erkenntlich zeigte bzw. seinen Vorfahren die Gründung des Klosters zuschrieb.
Der Theorie Förstemanns folgen neben Bernhardi und Meyer von Knonau auch Wenzel und Vogt.[267] Erst Jordan gibt zu Bedenken, dass es für eine solche Annahme keinerlei Quellen gebe.[268] Den einzigen Hinweis für die Verifizierung dieser These liefert u. E. eine einschlägige Stelle bei Ursinus, wonach: »*... sie ... in demselben Kloster* (Homburg) *seiner* (K.d.G.) *Schwerter eins* (haben), *das groß und schwer ...*[269]« gewesen sei. Ist damit ausgeschlossen, dass etwa Hedwig Kleidung und Ausrüstungsgegenstände ihres gefallenen Mannes im Kloster verwahren ließ, und diese später fälschlicherweise als Utensilien eines Kaisers identifiziert wurden? Es ist bis heute nicht bekannt, wo Gebhard begraben liegt. Die Beisetzung von Angehörigen adeliger Familien an heiligen Orten – wie Klöstern, Kirchen oder Kapellen – war gemeinhin die Regel, ebenso wie mehr oder weniger aufwändige Stiftungen zu deren Seelenheil. Wurde Gebhard also in dem bereits bestehenden Kloster Homburg beigesetzt oder wurde die Abtei zu seinem Totengedenken erst begründet?

Kaiser Lothars Geburt und Kindheit
Nach der neueren Forschung ist Lothar erst wenige Tage vor der Schlacht von Homburg geboren worden.**[270]** Die Gründungsthese, wonach Hedwig sich einige Jahre in Homburg aufgehalten habe, um u.a. die Erziehung ihres Sohnes zu leiten, ist nicht zu verifizieren. Allgemein wird daher angenommen, Lothar habe seine frühen Jahre am Haldenslebener Hof seiner Großmutter verbracht. Jedoch gibt es hierzu ebenfalls keine Quellenbelege. Die Annahme das Kloster sei von Hedwig gegründet worden, ist damit nicht widerlegt.

Entstammte die Stiftung dem Erbe von Lothars Mutter Hedwig?
Bei der Urkunde von 1142 haben wir sowohl auf die unsichere Datierung, als auch auf die fragliche Identifizierung mit den Brunonen hingewiesen. Wenn man jedoch das Ausstellungsjahr der Urkunde auf 1042 und die Austellerin mit Hedwig von Formsbachs Mutter Gertrud identifizieren würde, gewänne das Ganze eine andere Bedeutung, zumal deren Vater, Graf Konrad, der Sohn des Mgf. Bernhard von der Nordmark war.[271] Auch die Chronologie der Lebensdaten Gebhards und die Angaben der Sächsischen Weltchronik machen diese Version der Geschichte nicht unwahrscheinlich. Nach der Ermordung ihres Mannes Friedrich von Formbach 1059 kehrte Gertrud zusammen mit ihrer Tochter Hedwig nach Sachsen zurück. Dabei muss sich Hedwig schon im heiratsfähigen Alter befunden haben, denn ein Jahr später freite Gebhard von Süpplingenburg um sie. Wenn man bedenkt, dass Hedwig dabei um die 15 Jahre alt gewesen und demnach um das Jahr 1045 geboren sein wird, darf man davon ausgehen, dass ihre Mutter Gertrud im Jahr 1042 schon alt genug war, um eine Urkunde für das Kloster Homburg ausstellen zu lassen. Damit wäre es umso wahrscheinlicher, dass es die Vorfahren Kaiser Lothars gewesen sind, die das Kloster Homburg gegründet haben.
Welcher Umstand jedoch dazu führte, dass Gertrud die Urkunde allein ausgestellt hat, wissen wir nicht.
Die Schwächen der Argumentation sind schnell aufgezählt:
Das Kloster müsste demnach um das Jahr 1000 herum gegründet worden sein. Doch abgesehen von den thüringischen Chroniken taucht es vor dem Jahr 1136 nirgendwo urkundlich auf.[272]
Auch Lamperts Annalen von 1073/1075 wissen von keinem Kloster. Sie haben allein dem Schlachtengeschehen ihre Aufmerksamkeit gewidmet. Allerdings müssen sich die großen Räume zur Beherbergung der Gäste jenes Friedensvergleichs von 1075 entweder in einem Kloster oder einer Pfalz befunden haben.
Die ältere Forschung nimmt ohne Belege, von der zweifelhaften Zuordnung der ›*Hohenborc*‹ im königlichen Tafelgüterverzeichnis einmal abgesehen, an dieser Stelle eine Königspfalz[273] an. Ebensogut kann die Anlage aber ein Kloster gewesen sein.[274]

Die Klosterpolitik Lothars von Süpplingenburg
In der Urkunde von 1136 findet sich der Hinweis, das Kloster sei von den »...*progenitoribus glorissimi domini nostri Romanorum imperatoris augusti lotharii secundi*...« gegründet worden.

Nachfolgend wollen wir untersuchen, ob diese Wiedereinrichtung des Klosters mit der Klosterpolitik Lothars konform ging. Dies führt zunächst zu der Frage: Wo befand sich das Hauskloster der Familie? Und: Welcher Stellenwert kam der Homburger Abtei dabei zu? In einer Urkunde von 1135 bezeichnete Lothar das Kloster Königslutter, als eine ›*ecclesia nostra*‹, die ›*a proavis nostris*‹ gegründet wurde. Im allgemeinen gilt Königslutter als Hauskloster derer von Süpplingenburg. Heinrich der Löwe hat Königslutter weit mehr gefördert als Homburg. Das Kloster wurde 1135 ebenso wie Homburg im Folgejahr von einem Nonnen- in ein Mönchskloster umgewandelt.[275] Im Gegensatz zu Homburg wissen wir vom Kloster Königslutter allerdings, welche Vorfahren als Gründer in Frage kommen. Das Kloster wurde in der ersten Hälfte des 11. Jahrhunderts von Mgf. Bernhard von Haldensleben gegründet.[276] Dieser Bernhard war, wie gesagt, in den Jahren von 1010–1018 Mgf. der Nordmark und Urgroßvater von Lothars Mutter Hedwig von Formbach. In einer in Merseburg ausgestellten Urkunde für die Abtei Vornbach vom 14. Mai 1136 erklärte Lothar, dass er zur Pflege derjenigen Kirchen besonders verpflichtet sei: ›*que a nostris parentibus fundata sunt.*‹[277]

Mit dieser Information könnten wir den Beweis antreten, dass auch Homburg von den Vorfahren Kaiser Lothar gegründet worden war.

Somit wäre es wahrscheinlich, dass Heinrich von Weida als Dienstmann Lothars auf einem süpplingenburgischen Lehen gesessen hat, wenn auch nicht ausgeschlossen werden kann, dass Lothar zumindest Teile des Stiftungsgutes für Homburg dem Erbe seiner Frau Richenza entnommen hat, die ihrerseits ebenfalls eine besondere Beziehung zu Homburg gehabt zu haben scheint. Bei der Sache gibt es lediglich ein Problem. Die Vormbacher Urkunde ist in weiten Teilen verfälscht: Protokoll und Eschatokoll entstammen zwar einem echten Diplom, doch abgesehen von der ›Verleihung des Kaiserlichen Schutzes und zwar zu Lothars und Richenzas Seelenheil‹ sind alle Bestimmungen einem Privileg von Papst Innozenz II. von 1139 entnommen und somit formal unecht.

Wenn auch die in der Urkunde aufgeführten Rechtsverhältnisse gefälscht sind, die übrigen Bestimmungen einschließlich der Vormbach zugestandenen cluniazensischen Selbstinvestitur des Abtes sind für die Zeit Lothars formgemäß. Auch am Beweggrund des Kaisers –insbesondere jene Kirchen zu fördern, die von seinen Vorfahren gestiftet worden waren – dürften die Fälscher vorüber-

gegangen sein. Somit bleibt die Beweiskraft des Diploms für unsere Fragestellung auch weiterhin von Bedeutung.[278]
Die Klosterpolitik Lothars war allerdings nicht nur ›Vorfahren- und Seelenheilsorientiert.‹ Es gab auch territorialpolitische Beweggründe: Der Süpplingenburger hatte bedingt durch das Katlenburger Erbe (nach 1106) im südlichen Niedersachsen und durch das brunonische Erbe im westlichen Thüringen Fuß gefasst und wird bestrebt gewesen sein, diesen Besitz langfristig zu sichern.
Der Investiturstreit[279] zwischen Papst Gregor und Kaiser Heinrich IV. im 11. Jahrhundert wurde bekanntlich auch von deren Nachfolgern – allerdings in weit geminderter Schärfe – fortgeführt.
So klagte der Erzbischof Adalbert von Mainz im Jahr 1134, dass Lothar die Freiheit der Kirche zerstöre und zum Bischof erhebe, wen er wolle. Dagegen schloss Adalbert mit vielen Klöstern seiner Diozöse Schutzverträge gegen den Einfluss der weltlichen ›Klosterstifter‹, Patronatsherren und Vögte. Aufgrund der zeitweise gespannten Beziehungen zum Mainzer Erzstuhl, der wohl wichtigsten kirchlichen Institution nördlich der Alpen, hat Lothar bei der Privilegierung Mainzer Eigenklöster zeitweise große Zurückhaltung geübt. Kaiser und Erzbischof haben ihre Einflusssphären deutlich voneinander abgegrenzt. Das wird an den Klöstern im südlichen Niedersachsen deutlich. Die dortigen Eigenklöster Lothars: Einbeck, Northeim, Katlenburg und Homburg wurden nicht unter Mainzer Schutz gestellt. Lediglich für Homburg konnte Adalbert 1136 seine Zustimmung erteilen, dass Lothar die Sanktimonialen durch einen Benediktinerkonvent ersetzte.
Für unsere Problematik ergeben sich daraus zwei Aspekte:
Einerseits hatte Lothar auch territorialpolitische Gründe, das Kloster Homburg zu fördern. Andererseits ist nicht klar, ob die Einsetzung jenes Benediktinerkonvents von Lothar selbst forciert wurde oder lediglich ein Zugeständnis an Adalbert war.[280]

Heinrich von Weida ein Ministerialer Kaiser Lothars?
»Lothar von Süpplingenburg war durch das, auf ihn und seine Gemahlin Richenza gekommene Erbe von fünf überaus reich begüterten sächsischen Familien zu einem der mächtigsten Männer Sachsens und des Reiches aufgestiegen. Er vereinigte in seiner Hand das Erbe der Grafen von Süpplingenburg, derer von Haldensleben, der Brunonen, der Grafen von Katlenburg sowie einen Teil des nordheimischen Allodialerbes.[281]«

Es ist schwierig aus diesem Fundus lotharisches Eigengut von dem zugefallenen Erbe der anderen Familien zu trennen. In der Regel stützt man sich auf Hüttenbräuker,[282] die davon ausgeht, Homburg sei brunonischen Ursprungs gewesen, weil Gertrud die Ältere das Kloster gegründet habe.[283]

»Ebenso scheint es sich mit Lothars Dienstmannschaft zu verhalten. Eine herzogliche Dienstmannschaft ist im eigentlichen Sinne nicht nachweisbar, wohl aber die Ministerialen von Lothars Eigengut.[284]« Als solche gelten neben 11 unbedeutenderen Geschlechtern die Familien von

➢ Ricberto de Scowen,
➢ Bernhard und Fritherico,
➢ Esic de Blankenburch,
➢ Ludolf von Dahlum,
➢ Anno von Heimburg,
➢ Bertold von Peine und
➢ **Heinrich von Weida**,

bei dem Vogt annimmt, er sei als brunonischer Ministerialer auf Lothar bzw. die Welfen gekommen.[285] Beinahe alle diese Namen finden sich später in den Urkunden Heinrichs des Löwen, oft in unmittelbarer Nachbarschaft ebenjenen Heinrichs von Weida wieder. Für uns stellt sich nun die Frage, ob Vogt diesen Katalog aus späteren Urkunden rekonstruiert hat, wie es ihm Hüttenbräuker bei den Lotharischen bzw. Brunonischen Besitzzuweisungen vorgemacht hat oder ob sich einige Namen schon zu Lebzeiten Lothars, also in der Zeit bis 1137, nachweisen lassen:

Rickbert von Schauen – als ›*fidelis*‹ Herzog Lothars bezeichnet – ist 1110 in einer Urkunde des Halberstädter Bischofs sowie 1133 als ›*minister regis lotharii*‹ aufgeführt.

Bernhard und **Friedrich von Blankenburg** erscheinen 1129 in einem Diplom Lothars, ebenso **Ludolf von Dahlum**. **Anno von Heimburg** und **Berthold von Peine** tauchen 1134 zusammen in einer Zeugenliste unter den Ministerialen Lothars auf.[286]

Kommen wir zurück zu **Heinrich von Weida**: In jener gefälschten Urkunde (datiert auf ›1130‹),[287] wo König Lothar dem Kloster Drübeck den Ankauf eines Gutes zu Papstdorf bestätigt, finden wir einen ›*Heinricus de Wicha*‹ unter den Ministerialen des Königs. Unter den Zeugen befanden sich natürlich auch Liudolf von Braunschweig, Bertold von Peine, Arnold von Einbeck und Werner von Osterode. Diese genannten Dienstleute tauchen später in der Ministerialität Heinrichs des Löwen wieder auf. Dennoch

muss eine Frage unbeantwortet bleiben: Wenn Heinrich von Weida ein Dienstmann Lothars III. war, diente er bzw. seine Familie vordem auch schon dessen Vorfahren?
Hier haben wir wieder das alte Problem. Es gibt zwar Hinweise, dass Lothar Volkenroda besessen hat, es ist sogar wahrscheinlich, dass das Kloster Homburg von seinen Vorfahren gegründet wurde. Doch was ist mit der Lehnszugehörigkeit Heinrichs von Weida? Dass es sowohl süpplingenburgische als auch brunonische Besitzungen um Homburg und Volkenroda gegeben haben kann, ist zwar nicht ausgeschlossen, wird aber bezweifelt. Die Theorie, dass Homburg von den ›*progenitoribus*‹ Lothars gegründet wurde, gewinnt in diesem Zusammenhang an Wahrscheinlichkeit und zwar aus folgendem Grund: Abgesehen von späteren Quellen haben wir mit der 1142er Urkunde,[288] deren Argumentationskraft, mit der Urkunde von 1211 – in deren Mittelpunkt Richenza als Gründer steht – verstärkt wird,[289] nur einen einzigen Hinweis auf brunonischen Besitz an der Unstrut, während mehrere Indizien für die Vorfahren Lothars als Eigentümer sprechen. Das wird im nachfolgenden Kapitel sowie im Schlussteil noch zu ersehen sein.

Wie lange saßen die Herren von Weida auf ihren Gütern bzw. seit wann dienten sie Lothar III.?

Die oben aufgeführten Dienstleute Lothars lassen sich ab 1129 als solche nachweisen. Bis auf eine Ausnahme (Ricbert von Schauen) ist unbekannt, wer von ihnen zuvor von dem neuen König aus der Reichsministerialität übernommen worden war. Einzig Rickbert von Schauen ist 1110 in einer Urkunde des Halberstädter Bischofs aufgeführt.[290] Wir erinnern uns: Auch Lothars Urgroßvater Luitger hatte seine Karriere als Halberstädter Miles begonnen.[291]

Für die Ministerialenfamilie von Weida lässt sich eine solche Aussage nicht treffen. Allerdings kann man ungefähr bestimmen, wie lange sie ihre Lehen innehatten. Wenn man davon ausgeht, dass in der Ringelheimer Urkunde von 1143 von zwei Brüdern namens Heinrich und Erkenbert die Rede ist,[292] so muss es mindestens einen Vorfahren gegeben haben, von dem man annimmt, es sei jener Erkenbert gewesen, der 1122 zu Plauen testierte.**[293]**

Der Ministeriale ›*Hainricus de Wicha*[294]‹ wird mit dem 1143 genannten ›*Henricus de Widaa*‹ identisch gewesen sein.

Die Erschließung des Herzogswaldes ist, wenn man unserer These von den Weidaern als ›Siedlungsunternehmern‹ (Lokatoren) folgt, um 1100 herum geschehen. Warum sollte jener Erkenbert dann vor 1122 nach Weida gekommen sein und 1122 in Plauen testiert haben, wenn er sich noch in Wida und Forst etablieren musste? Demnach ist eine weitere Generation anzunehmen, die vor Erkenbert das Land urbar gemacht hat. Allerdings: Wie kann ein Bezug zu dieser hergestellt werden? Wenn man sich auf jene von Petke entlarvte Fälschung der Urkunde von ›1130‹[295] bezieht und annimmt, dass der dort genannte *Hainricus de Wicha*, als Sohn des 1122 genannten Erkenberts, im Jahr 1130 mindestens 21 Jahre alt gewesen sein muss, ließe das den Schluss zu, sein Vater Erkenbert sei um 1090 geboren, wonach es vor ihm eine weitere Generation in Wida gegeben haben müsse. Doch hier befinden wir uns schon zu weit im Feld der Spekulation.

Wurde Kloster Homburg von den brunonischen Vorfahren der Kaiserin Richenza gegründet?

Schon Förstemann vertrat die Ansicht, das Kloster Homburg sei um 1100 von Gertrud der Älteren wenn nicht gegründet, so doch reicher begabt und ausgestattet worden.[296] Diese Meinung basiert einzig und allein auf der Urkunde von 1142, in der eine Frau namens Gertrud darauf hinweist, dass das Kloster auf dem Besitz ihrer gleichnamigen Großmutter errichtet wurde: »...*Gerdrudis auia mea ecclesiam Beati Cristofferi in fundo suo Homburgk sitam prediis...extulit et ornauit...*[297]« Die beiden Gertruds lassen sich quellenkundlich sehr gut nachweisen. Der Argumentation, wonach mit genannter Gertrud die Brunonin Gertrud die Jüngere gemeint sei, die sich auf ihre gleichnamige Großmutter bezieht, wäre ansonsten nichts entgegenzusetzen, wenn nicht die Urkunde Kaiser Lothars III. von 1136 dessen eigene Vorfahren in den Kreis der Gründer rücken würde.[298]

Petke (1994) vertritt die Ansicht, dass – wenn Homburg als Erbteil Richenzas an Lothar gekommen ist – die in der Urkunde von 1136 genannten Vorfahren Lothars als die Vorfahren Richenzas angesprochen werden müssten, zumal es Richenza gewesen sei, die 1142 dem Kloster die beiden Kapellen geschenkt habe.[299]

Zur Bekräftigung der Urkunde von 1142 wurde die Urkunde von 1211[300] herangezogen, wo Abt Bertho die Küsterei in seinem Kloster auf der Grundlagen von Zuwendungen wiederherstellt, die einst von der Kaiserin Richenza, der Gründerin des Klosters, zu Lichtern bestimmt worden waren.[301] Dieser sekundäre Bezug ist fraglich: Einerseits wird dem Aussteller die Urkunde von 1136 bekannt gewesen sein. Zum zweiten ist anzunehmen, dass 1525 infolge von vorsorglicher Aktensicherung keine der wirklich wichtigen Klosterurkunden verloren ging,[302] da man den Wirtschaftsbetrieb des Klosters später wieder aufzunehmen gedachte. Zum dritten müssen wir die Kritik Brüschs (2001) bedenken, die auf eine Tendenz des Klosters hinweist, stets denjenigen als Gründer zu bezeichnen, der sich den Mönchen besonders erkenntlich gezeigt hatte.[303]

Es gibt ferner einen weiteren Hinweis auf einen ›altbraunschweigischen Besitzzipfel‹, der tief nach Thüringen hineinragte.[304] Dieser ist hingegen nicht so einfach zu entkräften. Gemeint ist jene Passage in der **Ringelheimer Urkunde**[305] von 1143, in welcher Heinrich der Löwe für das Seelenheil seiner Mutter Gertrud dem Kloster neben der Marienkapelle zusätzlich die Kapelle der Apostel ›*Simon et Jude*‹ in Homburg schenkte. Darin heisst es, dass bereits die Kaiserin Richenza dem Kloster diese Schenkungen zu geben gelobt hätte, aber zuvor gestorben sei.[306] Dagegen könnte man einräumen, dass dieser Zusatz vom Aussteller oder Leuten aus dem Kloster initiiert worden ist, um die Spender zur Schenkung zu ermutigen. Doch recht einleuchten, will dieser Einwand allerdings nicht. Die Quelle belegt eindeutig, dass die Brunonin Richenza eine besondere Beziehung zum Kloster gehabt haben muss.

Die Stiftungen Gertruds der Älteren

Im Anschluss wollen wir klären, inwieweit Gertrud die Ältere jemals eine entsprechende Stiftung machen wollte bzw. solches andernorts schon getan hat: Zu Lebzeiten ihres Bruders hätte sie kaum über entsprechende Güter zur Schenkung verfügen können, ebensowenig wird sie während ihrer drei Ehen als alleinige Stifterin aufgetreten sein.»Abgesehen davon gründete sie 1093 zusammen mit ihrem zweiten Gatten, dem Northeimer Heinrich, das Kloster Bursfelde. Bereits kurz nach dessen Tod 1101 heiratete sie ein drittes Mal und zwar Heinrich von Eilenburg, den Markgrafen von Meißen aus dem Haus Wettin. Dieser starb nach einer kurzen Ehe 1103. 1115 gründete sie das Kloster St. Marien zu Braunschweig. 1117 starb sie selbst und wurde in der Stiftung ihrer Großeltern beigesetzt, vermutlich weil der Klosterbau zu Braunschweig noch nicht vollendet war. Man müsste also als Zeitpunkt für eine Stiftung in Homburg entweder die kurze Zeitspanne zwischen dem Tod Heinrichs des Fetten und der Wiederverheiratung oder die Zeit nach 1103 annehmen. Stiftungen für das Seelenheil ihres erschlagenen Gatten darf man eher in der gemeinsamen Stiftung Bursfelde, wo Heinrich beigesetzt worden war, vermuten.[307]« Also wird es andere Gründe für die Übertragung von 5 Hufen, einer Mühle u.a. an das Kloster Homburg gegeben haben, die, wie schon gesagt, in der sich anbahnenden Eheverbindung ihrer Tochter Richenza mit Lothar von Süpplingenburg zu suchen sein dürften. Wenn dieses Vorhaben nach dem Tod Heinrichs des Fetten zustande kam, wäre ihr alleiniges Auftreten erklärt.[308]

Abschließend muss zu dieser Fragestellung konstatiert werden, dass, abgesehen von der 1142er Urkunde und der besonderen Beziehung, die der Kaiserin Richenza zum Kloster Homburg nachgewiesen wurde, keine klare Beweisführung für den brunonischen Besitz der Homburger Besitzexklave erbracht werden konnte. Der brunonische Besitz Homburgs ist zwar wahrscheinlich, allerdings spricht mehr dagegen als dafür.

<u>Welchen Erbteilen Gertruds enstammte die Homburger Stiftung?</u>
Wenn wir davon ausgehen, dass der Güterkomplex um Homburg dem brunonischen Besitz entstammt, wäre es interessant zu erfahren, ob Gertrud die Ältere jene Güter von ihrem Bruder oder von ihren verschiedenen Gatten geerbt hat. Aufgrund des Quellenmangels müssen wir uns auf Mutmaßungen aus der Sekundärliteratur beschränken und wollen untersuchen, in welchen Relationen die Besitzungen und Beziehungen der Northeimer/ Boyneburger und Welfen zu Homburg stehen:

*Homburg – altbraunschweigisch,
northeimerisch/boyneburgerisch?*
Hüttenbräuker u.a. gehen davon aus, dass die Gegend um Nordhausen, Mühlhausen und Langensalza als südlichster Zipfel altbraunschweigischen Besitzes tief nach Thüringen hineinragte [309] und später mit der Ehe zwischen Gertrud d. Ä und dem Mgf. Heinrich von Meißen 1102 an das Haus Northeim gekommen sei.[310] Im Vorfeld wurde bereits klar, dass sich die These einzig auf die Urkunde von 1142 stützt. Auf northeimerisch-boyneburgischen Besitz um Homburg weisen lediglich drei Umstände hin. Diese sind unschwer zu hinterfragen:

➢ Einerseits verfügten die Northeimer über Güter in der weiteren Nachbarschaft um Eschwege und Boyneburg.[311] Aufgrund besserer Erreichbarkeit hätte man den Besitz wahrlich nicht so verkommen lassen, wie es 1136/62 der Fall war.
➢ Zum Zweiten war Siegfried III. von Boyneburg der Bruder von Heinrich dem Fetten und somit der Schwager Gertruds d. Ä..[312]
➢ Zum Dritten taucht Graf Siegfried von Boyneburg neben dem Lgf. Ludwig und dem Grafen Sizzo in der vielbesprochenen Urkunde von 1136 auf.**[313]**

Welche Beziehungen hatte Heinrich der Stolze zu Homburg?
Man hat die Vermutung aufgestellt, Heinrich der Stolze habe für Homburg nicht nur als künftiger Erbe Lothars von Süpplingenburg Rechte veräussert, sondern sei auch der Dienstherr Heinrichs von Weida gewesen.[314] Dafür wurde folgende Belege aufgeführt:
a) In der Urkunde von 1136 wurde neben dem Kaiserpaar auch deren Schwiegersohn Heinrich der Stolze vorstellig.
b) Aus dem Patronat, welches sich Heinrich der Löwe in jener allerdings verunechteten Urkunde von 1179[315] über das Kloster Homburg vorbehielt, hat man darauf geschlossen, es stamme von seinem Vater Heinrich dem Stolzen.[316]
Daraus wurden verschiedene Argumentationen entwickelt, die zum Teil auf die Verwechslung Heinrichs des Stolzen mit dessen Kontrahenten Heinrich Jasomirgott beruhen.**[317]** Am weitesten schritt die These bei den Herren Jörn voran. Danach sei Heinrich von Weida, nachdem dessen Dienstherrn Heinrich dem Stolzen seitens König Konrads III. das Herzogtum Bayern entzogen wurde, mit den beiden ehemals welfischen Lehen Thiemswald und Herzogwald bedacht und somit zum Doppelministerialen gemacht worden.[318] Bei der Bewertung solcher Thesen lässt sich konstatieren, dass deren Auslegungsspielraum in Bezug auf die Quellenlage oft umgekehrt proportional ist.
Wenn wir auch nicht erklären können, was letztlich Heinrich den Stolzen 1136 dazu bewogen hat, zusammen mit seinen Schwiegereltern besagte Urkunde auszustellen, so wird sein mögliches Patronat mehr ›vormundshalber‹ zugunsten seiner Frau der Brunonin Gertrud ausgeübt worden sein. Die Urkunden von 1143, in denen Heinrich Jasomirgott neben seiner Gemahlin Gertrud d. J. als Aussteller fungiert, weisen letztere, zusammen mit deren Sohn Heinrich dem Löwen als tatsächliche Lehensgeber aus.

Homburg im Besitz der thüringischen Ahnen Gertruds d. Ä.?
Hildebrand[319] hält es für nicht ausgeschlossen, dass die ›Thüringer Allodien Lothars‹ auf dem Erbbesitz seiner Schwiegermutter Gertrud d. Ä. – der Schwester des berüchtigten Meißner Markgrafen Ekberts II. [†1090] beruhen – könnten und somit orlamündischen Ursprungs gewesen seien. Die Belege für diese These stehen auf schwachen Füßen. Dennoch wollen wir Hildebrands Argumentation kurz nachzeichnen: Im Grunde geht sie von einem nicht zusammenhängenden orlamündischen Territorium aus, welches von Osten bis an die Werra gereicht habe. Demnach wären Gebiete im Altgau (Homburg), Wisicgau, sowie Teile des Helmegaus, mit dem benachbarten östliche Teil des Eichsfeldes einstmals orlamündisch gewesen.
Allerdings ist sie nicht sicher, ob das bis zum Aussterben des Geschlechts im Mannesstamm im Jahre 1067 so geblieben ist. Als Beleg für die These wird auf die Auseinandersetzungen zwischen Kaiser Heinrich IV. und der sächsisch-thüringischen Adelsopposition bzw. auf die Gebiete, in denen diese sich – den Chroniken zufolge – abspielten, Bezug genommen.
So habe Ekbert II. 1088 zwei der drei Gleichenburgen in so fester Hand gehabt, dass er von dort den Kaiser erfolgreich bekämpfen konnte. Diese Burgen – dem ›brandenburgischen‹ Erbe entstammend – hätten das weite Umfeld so sicher unter Kontrolle gehabt, dass deren Einflussbereich auch Homburg berührt habe.
Vergleicht man allerdings die Entfernung zwischen Homburg und Wandersleben, erscheint dies fraglich. Darum argumentiert Hildebrand weiter, dass diese Burgen genau am Rand des Wisich/Altgaus gelegen hätten und sich demzufolge die Kämpfe zwischen den beiden Parteien auf orlamündischem Gebiet (Schlachtfelder Homburg und Flarchheim) abspielten. Wenn nun das Heer König Heinrichs auf dem Zug nach dem heutigen Niedersachsen das dazwischenliegende altthüringische Gebiet so schrecklich verwüstete,[320] könne es sich dabei nur um Feindesland gehandelt haben. Spier, wo die abscheuliche Parade, die Rache an den Besiegten stattfand, sei demnach orlamündisch gewesen. Wir teilen diese Ansicht nicht, doch ist interessant, welche genealogischen Verbindungen Hildebrand zu den Brunonen festmacht:

Zur Verwandtschaft zwischen Brunonen und Orlamündern
Der letzte Orlamünder Otto hinterließ 1067eine Witwe und drei Töchter.[321] Es ist unklar, wie die Hinterlassenschaften unter den Erben aufgeteilt wurden und ob Homburg zu den Gebieten gehörte, die König Heinrich IV. einzog bzw. einzuziehen gedachte.
Zudem existierte eine Nebenlinie im Südosten des Reichs, in der Region Krain,[322] die ebenfalls Erbansprüche stellte. In seiner Masse wurde der Orlamündische Allodialbesitz – also jene Teile, die nicht vom Kaiser eingezogen wurden, der damit unter den Großen des Reiches für erheblichen Missmut sorgte – der Witwe des Mgf. Otto, Adela von Löwen-Brabant, zugesprochen bzw. zur Ausstattung der 3 Töchter Adelheid (1. Ehe), Oda und Kunigunde verwandt.[323] Adelheid von Ballenstedt hat ihre Ansprüche jahrzehntelang aufrechterhalten. Fraglich ist der Verbleib der Ansprüche Odas, die mit Mgf. Ekbert II. von Meißen verheiratet war und deren später im Naumburger Dom nachempfundene Stifterfigur (Uta) noch heute das bekannteste Kunstwerk der Kathedrale ist.
Lediglich Kunigunde von Beichlingen bekam nachweislich Gebiete zugesprochen.[324] Sie war mit Kuno von Beichlingen – dem jüngsten Sohn Ottos von Northeim – verheiratet, dem ihre Mitgift zu einer bedeutenden Machtstellung in Thüringen verhelfen sollte.[325] Ihr gemeinsamer Sohn Pfgf. Siegfried bei Rhein heiratete um das Jahr 1105 Gertrud (d. J.), die jüngste Tochter Heinrichs des Fetten und Gertruds der Älteren.[326] Diese Argumentation rückt zwar bestimmte Wahrscheinlichkeiten in den Vordergrund, der Name Homburgs oder eines benachbarten Ortes taucht allerdings nicht auf.

War Heinrich von Weida ehedem Reichsministerialer? Hatte man den Homburger Besitzkomplex dem Reich entfremdet?
Was, wenn es nun so war, dass die Ministerialenfamilie von Weida ehedem auf einem Reichslehen angesessen und mit diesem vom König an einen Vasallen oder Magnaten (wie etwa den Welfen) ›übereignet‹ worden war und sie später – nach einer längeren Laufbahn ebenda – wieder mitsamt diesem Lehen an das Reich zurückgelangt ist, worauf sie in der Folge unter jenem Teil der Reichsministerialenschaft erscheint, der mit der Verwaltung des im Osten des Reiches, in den ehemaligen Slawengauen, etablierten staufischen Reichsterritoriums ›Pleißenland‹ betraut war. Dann wären viele chronologische wie genealogische Fragen auf einmal obsolvet. Wir könnten dann nachvollziehen, auf welchem Wege es

einen Teil der Familie von Weida ins Elsterland verschlagen hat. Sondieren wir einmal einige dahingehenden Indizien. Machen wir Mutmaßungen, mit denen auch die bisherige Forschung nicht gespart hat. Die Quellenlage nämlich hat uns hier fast gänzlich schon verlassen.

Homburg im königlichen Tafelgüterverzeichnis von 1064/65 (1164/65)?
Im Verzeichnis der königlichen Höfe in Sachsen finden wir auch einen Ort namens ›*Hohenborc*[327]‹. Jordan hält diesen Ort für das Homburg an der Unstrut, jedoch hat bereits Dobenecker ernsthafte Zweifel angemeldet, indem er die Bezeichnung mit der Horenburg bzw mit Homburg im heutigen Hessen in Verbindung bringt. Einer der Gründe für die Zuweisungsprobleme bildet der Umstand, dass ›*Hohenborc*‹ aus der topographischen Reihenfolge der Orte auszubrechen scheint. Demnach sei die lokale Anordnung, wie folgt, gewesen: Von den nordthüringischen Höfen wandte sich der Registrator nach Ostfalen, nach dem Osten und den Norden des Harzes nach Aschersleben, Werla, Goslar. Dann von Ostfalen nach den südlichen Engern (Pöhlde, Grona). Das davor aufgeführte Homburg liege viel weiter südlich an der Unstrut. Gegen die Theorie von Dobenecker lässt sich verwenden, dass sich auch die Horenburg nicht glatt in die räumliche Aufzählung einfügen ließe, von Homburg im heutigen Hessen ganz zu schweigen. Nicht nur ›*Hohenborc*‹ liegt ausserhalb dieser Gliederung, sondern auch Merseburg, das an sich schon einen Sonderfall einnimmt, weil dort nur Serviten aufgezählt sind.[328] Es ist demnach nicht sicher, ob das Verzeichnis ausschließlich nach einer räumlichen Gliederung aufgebaut war. Demnach könnte in ›unserem‹ Homburg durchaus Reichsbesitz bestanden haben. Allerdings wird jenes Tafelgüterverzeichnung nach neuesten Erkenntnissen in eine Zeit datiert (1164/65), in welcher der Besitz Homburgs gemäß den Klosterurkunden eindeutig ist. Die Karten bezüglich der Bezugskraft des Tafelgüterverzeichnisses müssen neu gemischt werden. Bisher eindeutige Belege erscheinen plötzlich fraglich.

Ein Fürstentag in der Kaiserpfalz Homburg im Jahre 1073?
Schon Förstemann sah, ausgehend von Lamperts Beschreibung über den vom Mainzer Erzbischof initiierten Fürstentag von 1073 zu Homburg,[329] in diesem Ort eine Kaiserpfalz. Wo sonst hätten so viele Gäste und deren Gefolge untergebracht werden können? Die einschlägige Stelle bei Lampert (163f.) käme den Angaben in

obigen Tafelgüterverzeichnis ohne weiteres zupass, wenn da nicht jene im Vorfeld geäusserte Vermutung wäre, dass es sich bei dem Objekt ebenso um eine größere Klosteranlage gehandelt haben kann. Die Vermittlerrolle des Mainzer Erzbischofs, ließe auf einen neutralen Begegnungsort schließen, z.B. ein Kloster. Die Zugehörigkeit Homburgs zur Mainzer Diozöse, die Besitzungen des Mainzer Erzstifts in der unmittelbaren Umgebung stützen diese These indirekt.

Reichsministeriale, königlicher Besitz in der Umgebung von Homburg
Kommen wir nun zu anderen Hinweisen, die für mögliches Reichsgut in Homburg sprechen:
932 tauschte König Heinrich I. 12 Orte im Alt/Westgau, darunter *Saltzaha*, gegen Güter des Klosters Hersfeld.[330]
101(7) stellte Kaiser Heinrich II. eine Urkunde für das Kloster Kaufungen in Gottern aus.[331]
1114 erscheint ein Eckehard von Gottern als Zeuge in einer Urkunde besagten Kaiser Heinrichs.[332]
1139 in jener – heute für eine erklärte Fälschung gehaltenen – Tauschurkunde[333] – in der Gräfin Helinburgis das zerstörte Schloss ›Volkenroth‹, welches der Thüringer Landgraf zuvor als königliches Lehen bewirtschaftet hatte, eingetauscht hat – haben wir nicht klären können, ob König Lothar III. Reichsland ›privatisiert‹ oder einen Teil seines Allodialbesitzes vertauscht hat. Wir haben nicht ausgeschlossen, dass der benachbarte Herzogswald, der sich über den wüsten Ort Wida – den vermuteten Stammsitz derer von Weida – hinaus erstreckte, nicht einstmals Königsland war und später okkupiert wurde. Doch warum hieß das Gebiet dann nicht Königswald, wie der südlich von Wida gelegene Ort Kaisershagen?[334]
1157 taucht in einer Urkunde Friedrich Barbarossas zu Halle ein Heidenreich von Salza auf.[335] Allerdings haben wir in einem der vorigen Kapitel schon gezeigt, dass diese Ministerialenfamilie weit verzweigt war bzw. mehreren Herren diente.

Exkurs
Als Heinrich der Löwe nach der Versöhnung mit Friedrich Barbarossa seine Allode zurückerhielt, kamen auch seine Hausministerialen, die vorher dem Reich gedient hatten, wieder in seinen Besitz. Bei den Weidaern war dies nicht der Fall. Wir treffen sie später nicht im Gefolge Herzog Bernhards. Dieser Umstand hat Händle zu der Vermutung geführt, die Weidaer könnten von jeher

Reichsministeriale gewesen sein. Dabei fragt er gleichzeitig, warum sie dann in den Urkunden Heinrichs des Löwen niemals als solche erwähnt wurden.[336] Dies könnte daran liegen, dass sich deren Status ab der Zeit, in der sie in den Urkunden Friedrich Barbarossas erscheinen, deutlich erhöht haben dürfte. Auch ihre späteren Bauprojekte (ab 1193) sprechen eine deutliche Sprache.

Schlussteil
Zusammenfassung der Untersuchungsergebnisse:
Kommen wir zu den wichtigsten Ergebnissen der Untersuchung.
Das spärliche Quellenmaterial lässt sich je nach Fragestellung verschieden auslegen und bietet viel Raum für Spekulationen.
Allein auf der Basis der beiden Urkunden von 1136/1142 kann die Suche nach den Gründern des Klosters Homburg und den ersten Dienstherren der späteren Vögte von Weida nicht abgeschlossen werden. Sekundärquellen helfen nicht wirklich weiter. Allein Logik und Wahrscheinlichkeit konnte die eine oder andere angenommene Entwicklung mehr oder weniger plausibel wirken lassen. Im Vorfeld waren wir bemüht gewesen, die Argumente für und wider die beiden Hauptthesen vom brunonischen bzw. altsüpplingenburgischen Besitz Homburgs gleichberechtigt abzuwägen. Folgende Szenarien halten wir mehr oder minder für wahrscheinlich:

Karl der Große
Die Sage von Karl dem Großen als Klostergründer bzw. eine mögliche Einrichtung des Klosters vor dem 10. Jahrhundert konnte aus Materialmangel nicht weiter verfolgt werden. Oft steckt in solchen Geschichten jedoch ein wahrer Kern: Zu karolingischer Zeit war der Großteil des Landes von dem Herrscher an die beiden Klöster Fulda und Hersfeld übereignet, welche die strategisch günstige Lage des späteren Homburgs nicht ungenutzt gelassen haben werden.[337] Bemerkenswert ist auch jene angebliche Erwähnung Homburgs um das Jahr 500.

Die Brunonin Gertrud
Die Identifikation Gertruds von Braunschweig bzw. ihrer gleichnamigen Großmutter aus der Urkunde von 1142 ist fraglich, ebenso kann Lothars Großmutter mütterlicherseits, die ebenfalls Gerdtrud hieß, bereits vor oder nach dem Jahr 1059 das Kloster gegründet haben. Auch wenn letztere Annahme ihre Wahrscheinlichkeit einzig dem Umstand verdankt, dass eine Ahnin Lothars

Gertrud geheissen hat, wird die Aussagekraft der pro-brunonischen Argumentation damit nicht gerade gestärkt.

Lothars Ahnen

Demgegenüber gibt es mehr Hinweise auf Lothar und seine Vorfahren als Klostergründer: Die These von Hedwig, der Mutter Kaiser Lothars, als Gründerin eines Nonnenklosters zu Homburg, für die es bisher lediglich eine Notiz aus einer späteren Chronik gab, konnte zusätzlich mit jener Stelle aus der Chronik des Ursinus gestärkt werden, wonach im Kloster lange Zeit ein großes Schwert (wohl das ihres Mannes Gebhard) verwahrt wurde. Den wichtigsten Beleg für eine Gründung des Klosters durch die Ahnen Kaiser Lothars liefert eine Stelle in jener allerdings stark verfälschten Urkunde für die Abtei Formbach, wonach Lothar zur Pflege der Kirchen besonders verpflichtet sei, die von seinen Ahnen gegründet worden waren.[338] Geht man allein von diesem Passus aus, so kann Homburg mit dem Kloster Königslutter, der Abtei Formbach, und vielleicht auch mit dem Kloster St. Ägidien in eine Reihe gestellt werden, von denen nachgewiesen ist, dass sie tatsächlich von Lothars Vorfahren gegründet worden waren. Bemerkenswert ist in diesem Zusammenhang das Engagement des Kaisers für das Kloster Volkenroda, in dessen Umfeld auch einem Heinrich von Weida Besitz und damit auch Lehnsnehmerschaft zugeschrieben ist.

Besitzkomplex Homburg

Es existierte in der Gegend ein nicht zusammenhängender Besitzkomplex mit Homburg als Zentrum. Mit der Stiftung des Klosters sollten nicht etwa weit entfernt liegende Besitzungen abgestoßen werden. Das beweist eine stattliche Anzahl welfischer Lehen und Dienstleute in der Umgebung, die erst nach und nach an das Kloster kamen. Die Ministerialenfamilien von Weida und von Salza werden die Spitze dieser Dienstleute gebildet haben.

Die Frage, ob Homburg schon im 11. Jahrhundert ein Kloster oder noch eine Burg im Besitz der Zentralgewalt war, konnten wir nicht entscheiden. Der Versuch, aus der Besitzgeschichte der Umgebung Hinweise auf den ersten Besitzer Homburgs zu erhalten, hat sich als unfruchtbar erwiesen. Immerhin konnte konstatiert werden, dass die Gegend schon in frühester Zeit territorial sehr zersplittert war. Selbst ein Weinberg am Abhang des Klosterberges konnte von der Abtei erst im 15. Jahrhundert erworben werden.

Zum Besitzkomplex: Volkenroda – Wida – Herzogswald

Wir haben die These aufgestellt, dass neben den Gebieten um Homburg noch ein zweiter Besitzkomplex – um das spätere Kloster Volkenroda herum – existierte, der mit großer Wahrscheinlichkeit demselben Besitzer (Lothar III.) gehörte wie der Komplex um Homburg. In diesem Gebiet lag der Hauptteil des Besitzes der Ministerialenfamilie von Weida. Der Herzogswald, von dem Heinrich von Weida 1154 zwei Drittel zu Eigen waren, scheint Teil eines zusammenhängenden größeren Waldgebietes gewesen zu sein, dass um 1100 herum erschlossen worden sein wird. In diesem Waldgebiet lassen sich neben dem ehemaligen Dorf Wida noch andere Orte nachweisen, von denen anzunehmen ist, dass sie einst der Familie von Weida gehörten.

Ebenso besteht die Wahrscheinlichkeit, dass die Familie an der Erschließung jenes Herzogswaldes beteiligt war bzw. das Geschlecht hier seinen Anfang nahm. Entweder wurde der Familie der Wald – wohl von einem Herzog – geschenkt oder sie erhielt ihn als Lehen für treue Dienste. Wir vermuten, dass die Herren von Weida ebenda die Orte Wida, Widengehege (mögliche Burg), Forst sowie Teile von Saalfeld besessen haben. Diese Argumentation beruht lediglich auf bodengeschichtlichen und namenskundlichen Befunden sowie auf späteren Quellen.

Die Ministerialenfamilie von Weida

Ob nun die späteren Vögte von Weida ausgerechnet jener im Unstrutgebiet ansässigen Ministerialenfamilie von Weida entsprossen sind, kann nach wie vor nicht mit Sicherheit bewiesen werden. Es wäre nicht aus der Luft gegriffen, wenn der im Jahre 1122 zu Plauen testierende Erkenbert von Weida mit dem Vater des 1143 in den Verkauf Homburger Güter verwickelten Heinrich von Weida – *>dem Sohn des Erkenbert<* – identifiziert werden könnte. Doch gibt es ausser Namensgleichheit, Vogtstitel[339] und zeitlichen Kontinuitäten keinen weiteren Beweis[340] dafür, dass diese Familie im 11. Jahrhundert ganz oder in Teilen[341] von der Unstrut an die Elster ausgewandert bzw. nach dorthin verpflanzt worden ist. Die zum Beweis der Abwanderungsthese von Schmidt herangezogenen Besitzveräusserungsgeschäfte der Weidaer im Unstrutraum können auch gegen diese Behauptung sprechen, wenn sie in den lokalen Kontext der Landerwerbspolitik der Klöster Homburg und Volkenroda[342] gestellt werden. Dennoch sind die Verbindungen anderer Ministerialer aus der direkten Nachbarschaft Homburgs zum Saale-Elster-Gebiet beachtenswert.[343] Personal- und Besitzbeziehungen zwischen Unstrutraum und Saale waren demnach zu dieser Zeit keine Seltenheit. Wenn also der Grundstock für das Elsterländische Geschlecht nicht von einer einheimischen, sondern von einer auswärtigen Familie gleichen Namens gelegt worden ist, dann entstammt diese mit hoher Wahrscheinlichkeit dem thüringischen Altsiedelland um Homburg und Volkenroda.

Denn über eine begüterte Familie von Weida, welche zu dieser Zeit in diesem Gebiet gewirtschaftet und für teils beachtliche Summen Güter verkauft hat, konnte in dieser Arbeit doch einiges interessantes zusammengetragen werden. Auch wenn die Ministerialenfamilie von Weida Lehnsbesitz und damit Dienstpflichten, etwa als Milites, für den Besitzer Homburgs hatte, so scheint Heinrich von Weida selbst mit dem Kloster nicht mehr viel zutun gehabt zu haben, wenn man von der Besitzauflassung des Thiemswaldes, sowie zweier Kapellen einmal absieht.[344] Der Vater desselben – namens Erkenbert – tritt bei den Homburger Rechtsgeschäften nicht auf, der gleichnamige Bruder allenfalls als zustimmender Zeuge.

Die Quellen weisen Heinrich von Weida eindeutig als Ministerialen der Herzogin Gertrud der Jüngeren bzw. deren Sohns Heinrich dem Löwen aus, welche das Kloster Homburg wiederholt begabt haben. Die Frage – ob oder wie lange die Familie bereits den Süpplingenburgern diente bzw. ob Heinrich von Weida als ehemaliger Reichsministerialer an den Sachsenherzog gekommen ist – kann nicht beantwortet werden.[345] Dazu müsste man auch die Besitzgeschichte der Burgruine Volkenroda näher kennen. Die Besitzungen Heinrichs von Weida im Unstrutraum waren jedenfalls seiner späteren Stellung als führender Ministeriale Heinrichs des Löwen durchaus angemessen.

Epilog: Die Ende des Klosters Homburg nach 1543
Im Deutschen Bauernkrieg am 25. April 1525 wurde das Kloster Homburg von unzufriedenen gemeinen Leuten aus Langensalza, Thamsbrück und den umliegenden Dörfern überfallen und geplündert, nachdem dieser Haufen 500 Mann Verstärkung aus der aufständischen Reichsstadt Mühlhausen erhalten hatte. Dem Kloster entstand dabei ein mittlerer Schaden in Höhe von 2.000 Gulden.[346]
Nach der Einführung der Reformation und der Säkularisierung der Abtei durch den Landesherrn erwarb die Stadt Langensalza die Anlage zusammen mit dem Augustinerkloster zu Salza um 10.000

Gulden vom Herzog Moritz von Sachsen.[347] 1545 begann der Abbruch Homburgs. Einzig ein Turmstumpf blieb stehen. Ein Torbogen des Klosters soll nach dem Thiemsburg-Gut gekommen sein.[348] Später wurde auf der Homburger Höhe ein Bauernhof errichtet. An der Stelle, wo einst Fürsten tafelten und Mönche durch Galerien wandelten, grasten nun lange Zeit Rinder und Schafe. Im 19. Jahrhundert entwickelte sich dort eine beliebte Ausflugsgaststätte der Langensalzaer. Die letzten Reste der Klosteranlage vor Ort sind heute verschwunden.[349] Lediglich die ehemalige Ausflugsgaststätte ›Böhmen‹ am Fuße des Klosterberges wartet auf ihre Wiedereröffnung. Inwieweit jener am darunter liegendem Teich befindliche Bassin mit Gewölbebogen noch aus der Klosterzeit stammt, ist dem Verfasser nicht bekannt.

Ausblick: Von den Herren von Weida zu den Fürsten Reuß
Am Ende dieses Büchleins bietet sich die Gelegenheit, dem Leser noch einiges über den Fortgang der Familiengeschichte der elsterländischen Nachfahren Erkenberts und Heinrichs von Weida mitzuteilen. Wie wir schon hörten, hatte Kaiser Friedrich Barbarossa in der zweiten Hälfte des 12. Jahrhunderts ausgehend von Nürnberg damit begonnen, über das Regnitzland und das Egerland, im Pleißenland [zwischen Weißer Elster und Pleiße] ein einheitliches, zusammenhängendes Reichsterritorium mit Altenburg als Zentrum zu schaffen, dass er weitgehend dem Burggrafen von Altenburg, aber auch kleinen Machthabern, wie den Herren von Weida, als Reichsvögten unterstellte.[350] Der »1174 urkundlich erwähnte Heinrich (II.) von Weida, genannt ›der Reiche‹, verfügte um 1200 über einen Herrschaftsbereich, der – allerdings noch immer mit fremden Herrschaftsrechten durchsetzt – den Raum um Gera, Ronneburg, Weida, Greiz und Plauen.[351]« sowie wahrscheinlich auch Besitzungen bei Hof und im Egerland umfasste. Seine drei Söhne teilten das Land bis 1244 in die Linien Weida, Gera und Plauen. Mit dem kaiserlichen ›großen Regalienbrief‹ von 1329 stiegen die Vögte de facto in den Rang erblicher Reichsfürsten auf, konnten diese Position aber nur bis zum verlorenen Vogtländischen Krieg 1354–1359] gegen die Wettiner und Kaiser Karls IV. [1346–1358], denen sie als ›Aufsteiger‹ zu mächtig geworden waren, erhalten. Danach devancierten sie in eine Art Zwischenstellung, waren, obwohl sie proforma noch ihre Reichsregalien besaßen, keine wirklichen Reichsstände mehr, aber auch keine bloßen markgräflichen bzw. landgräflichen Vasallen. Nach Aufhebung der Reichsvogtei

1404 wurden aus den Vögten dann die ›Herren‹ von Weida, Gera und Plauen.

Die Vögte von Gera erwarben von ca. 1240–1320 von den Herren von Lobdeburg noch die Herrschaften Saalburg, Lobenstein, Schleiz und Hirschberg hinzu. Sie starben 1550 aus. Die Vögte von Weida, als ehedem mächtigste Vogtslinie, mussten nach 1357 ihre Hofer Gebiete an den Burggrafen von Nürnberg und bis 1427 ihr Weidaer Stammland an den Markgrafen von Meißen verkaufen. Sie erloschen 1532. Die Plauensche Linie zerfiel nach 1303 in einen älteren Zweig zu Plauen [den späteren ›Burggrafen zu Meißen‹] und einen jüngeren Zweig zu Greiz, den ›Reußen‹. Letztere wurden nach dem Schmalkaldischen Krieg 1547 von Kaiser Karl V. [1520–1555] entmachtet, auf ihre Kranichfelder Besitzungen verdrängt und der Rest ihres Landes [Greiz ganz, das Geraer Erbe halb] dem Burggrafen von Meißen übertragen, der als böhmischer Erzkanzler in diesem Krieg eine wichtige Stütze der katholischen Partei gewesen war. Sein daraufhin gebildeter, zwischen Wurzbach bei Lobenstein im Westen und Adorf in Osten weitgehend zusammenhängender ›Burggrafenstaat‹, der auch ehedem vögtische und später wettinisch gewordene Gebietsteile umfasste, bestand nur eine Generation und fiel nach dem Tod seines letzten Sohnes 1572 teils als sächsisches Vogtlandes an die Wettiner, teils in Gestalt der Herrschaften Greiz, Gera, Hohenleuben, Schleiz, Saalburg, Lobenstein u.a. endgültig an die Reußen, die diese Gebiete allerdings aus böhmischer Hand als Reichsafterlehen annehmen mussten, wonach sie nicht mehr Gefahr liefen in meißnische Vasallenschaft herabzusinken. Kaum hatten die Reußen einen Teil ihres Besitzes [Lobenstein war noch verpfändet, Schleiz, Saalburg und Burgk kamen erst 1590 ganz in ihre Hand] zurückerhalten, schritten sie auch schon zur Landesteilung und bildeten eine ältere, eine mittlere und eine jüngere Linie und damit die drei Teilstaaten Reuß-Untergreiz, Reuß-Obergreiz [bis 1616] und Reuß-Gera [bis 1647] heraus. Die ältere Linie zerfiel 1583 in zwei Zweige, wovon einer die Häuser Untergreiz-Dölau [1636 an Burgk] und Untergreiz-Burgk [1636 an Burgk], der andere das Haus Untergreiz zu Untergreiz begründete. Nachdem die mittlere, ab 1596 zu Schleiz regierende Linie 1616 erloschen war, fielen Schleiz und Saalburg an die jüngere Linie, die Herrschaft Obergreiz mit Zeulenroda dagegen an das Haus Untergreiz zu Untergreiz. Dessen Vertreter aber teilten den Besitz 1625 dahingehend neu auf, dass in der Folge die Häuser Untergreiz [bis 1768] und

Obergreiz [bis 1927] entstanden. Das Haus Untergreiz teilte sich 1668 noch einmal in die Herrschaften Burgk [1697 an Untergreiz], Rothenthal [1698 an Untergreiz] und Untergreiz [1768 an Obergreiz]. Das Haus Obergreiz bildete 1694 die beiden Zweige Dölau und Obergreiz heraus, wobei letztere 1698 wieder an Obergreiz zurückfiel, das ab 1768 als einziges noch existierendes Haus der älteren Linie übrigblieb. Im Gegenzug teilte sich 1647 die jüngere, vordem in Gera residierende Linie – wichtige Zentralbehörden ebenda beibehaltend – in die Zweige Gera [bis 1802], Schleiz [bis 1945], Saalburg [bis 1666] und Lobenstein. Letzteres teilte sich 1678 wiederum in die Häuser Lobenstein-Hirschberg [bis 1711], Lobenstein-Ebersdorf [bis 1853] und Lobenstein-Lobenstein. Letzteres zerfiel 1715 schließlich in die Zweige Lobenstein [bis 1805] und Selbitz [bis 1824]. Nachdem alle reußischen Häuser 1673 in den Reichsgrafenstand avanciert waren, erfolgte 1778 die Fürstung der älteren Linie, während von der jüngeren Linie 1790 Lobenstein und 1806 die anderen Häuser in den Reichsfürstenstand erhoben wurden. Der letzte Fürst von Reuß-Ebersdorf dankte in den Revolutionswirren von 1848 zugunsten des Hauses Schleiz ab, das darauf seine Hauptresidenz nach Gera verlegte. Im Jahre 1913 umfasste das Fürstentum Reuß jüngere Linie 826 km^2 und zählte 152.765 Einwohner. In der Hauptsache bestand es aus zwei getrennten Gebieten, der Unterherrschaft Gera mit Exklaven in Hohenleuben und Triebes und der zusammenhängenden Oberherrschaft Schleiz-Lobenstein. Das Fürstentum Reuß ältere Linie [Reuß-Greiz] war um einiges kleiner. Es umfasste eine Fläche von nur 316 Quadratkilometern und zählte im gleichen Jahr 72.616 Einwohner. Das Land bestand aus vier getrennten Teilen, dem Elstertal um Greiz, der Exklave Zeulenroda, der Exklave Burgk an der oberen Saale sowie dem Dorf Rauschengesees bei Leutenberg. Die beiden Fürstentümer existierten bis zum Jahr 1918, wobei Reuß ältere Linie infolge der Regierungsunfähigkeit des letzten männlichen Sprosses ab 1902 vom Fürsten der jüngeren Linie mit verwaltet wurde. Dessen Sohn floh 1945 nicht mit in die amerikanische Besatzungszone. Er wurde nach dem Einmarsch der Roten Armee vom sowjetischen Geheimdienst verschleppt und ist seitdem verschollen. So ist die im Jahre 1690 vom Haus Schleiz abgespaltete – mit Landbesitz abgefundene und daher ehedem nicht regierende – Nebenlinie Reuß-Köstritz heute die einzige noch verbliebene reußische Linie. Sie blüht inzwischen aber wieder in mehreren Ästen und Zweigen in Österreich und in Deutschland.

Abkürzungen

Anm.	Anmerkung
Anm. d. Verf.	Anmerkung des Verfassers
Ebd.	Ebenda
Erzbs.	Erzbischof
f.	folgende
ff.	fortfolgende
G.d.J.	Gertrud die Jüngere
G.d.Ä.	Gertrud die Ältere
Gf./Gfn.	Graf/ Gräfin
i.J.	im Jahr
Jh.	Jahrhundert
H.d.L.	Heinrich der Löwe
H.IV.	Kaiser Heinrich IV.
H.Pfgf.	Heinrich Pfalzgraf bei Rhein
K.d.G.	Karl der Große
Ks.	Kaiser
Lgf.	Landgraf
M.E.	Meines Erachtens
NASG	Neues Archiv für Sächsische Geschichte
o.J.	ohne Jahr
o.O.	Ohne Ort
Pfgf.	Pfalzgraf
S.	Seite
U.E.	Unseres Erachtens
Vgl.	Vergleiche

Bibliographie

Quellen:

Bruno	Brunos Sachsenkrieg, in: Quellen zur Geschichte Kaiser Heinrichs IV., übersetzt von Irene Schmale Ott, Darmstadt.
Dob.	Dobenecker, Otto: Regesta Diplomatica necnon epistolaria Historiae Thuringiae, Band I/2, Jena, 1896.
Förstemann	Förstemann, E.,G.: Urkundenbuch des Benediktinerklosters Homburg bei Langensalza aus den Jahren 1136–1226, Halle, 1846.
Lamp. Ann.	Lampert von Hersfeld: Annalen, übersetzt von Adolf Schmidt, Berlin, o.J..
UBH	Förstemann, E.-G.: Urkundenbuch des Benediktinerklosters Homburg bei Langensalza aus den Jahren 1136–1226, Halle, 1846. (Reprint: Verlag Rockstuhl)
UB-HDL	Jordan, Karl: Die Urkunden Heinrichs des Löwen, Stuttgart 1957–1960.
UBL	Wenzel, A.: Urkundenbuch der Stadt und des Kreises Langensalza während des Mittelalters, Band I, Langensalza 1908.
UBM	Mainzer Urkundenbuch, Band I: Die Urkunden bis zum Tode Erzbischof Adalberts I. (1137), bearbeitet von Manfred Stimming, Darmstadt, 1972.
Petke	Petke, Wolfgang: Die Regesten des Kaiserreichs unter Lothar III. und Konrad II., Teil 1 (Lothar 1125 (1075)–1137), verfasst von Johann F. Böhmer, neu von W. Petke, Köln, 1994.
UB-MHL	Herquet, Karl: Urkundenbuch der Reichsstadt Mühlhausen in Thüringen, Halle, 1874.

UBN	Rosenfeld, Felix: Urkundenbuch des Hochstifts Naumburg, Teil I, 967–1207, Magdeburg, 1925.
	Liliencron, R. v.: Düringische Chronik des Johann Rothe, Jena, 1859.
UBW	Schmidt, Berthold: Urkundenbuch der Vögte von Weida, Gera und Plauen, Band I (1122–1356), Jena, 1885.
UBW-N	Nachtrag zu dto.

Darstellungen:

➢**Bernhardi**: Lothar von Süpplingenburg, in: Jahrbücher für deutsche Geschichte, Leipzig, 1879.

➢**Brüsch**, Tania: Die Brunonen, ihre Grafschaften und die sächsische Geschichte, in: Historische Studien 459, 2001.

➢**Cohn**, Adolf: Die Vorfahren des fürstlichen Hauses Reuß in der staufischen Zeit, in: Forschungen zur Deutschen Geschichte 9 (1869), S. 529-589.

➢**Dobenecker**, Otto: Über Ursprung und Bedeutung der Thüringischen Landgrafschaft, in: Zeitschrift des Vereins für Thüringische Geschichte und Altertumskunde, N.F. Bd. 15 (1891), S. 298-334.

➢**Eisel**, Robert: Sagenbuch des Voigtlandes, Gera 1871.

➢**Falck**, L.: Klosterfreiheit und Klosterschutz. Die Klosterpolitik der Mainzer Erzbischöfe von Adalbert I. bis Heinrich I., in: Archiv für Mittelrheinische Kirchengeschichte 8 (1956), S. 21-75.

➢**Fenske**, Lutz: Adelsopposition und kirchliche Reformbewegung in Sachsen, Göttingen, 1977.

➢**Freund**, Stephan: Lothar III, in: Biographisch-Bibliographisches Kirchenlexikon, Band V (I 993), Sp. 256-262.

➢**Gemeinde** Volkenroda: Ortschronik von Volkenroda, Mühlhausen, 1991.

- **Göschel**, Carl, Friedrich: Chronik der Stadt Langensalza in Thüringen, Band I, 1818.
- **Händle**, Otto: Die Dienstmannen Heinrichs des Löwen, Stuttgart, 1930.
- **Hildebrand**, Ruth: Herzog Lothar von Sachsen, Hildesheim, 1986.
- **Hessler**, Wolfgang: Mitteldeutsche Gaue des Frühen und Hohen Mittelalters, Berlin, 1957.
- **Hoffmann** Hartmut: Bücher und Urkunden aus Helmarshausen und Corvey (MGH Studien und Texte 4), 1992.
- http/www.genealogie-mittelalter.de/northeim gf._von.Gertrud von Nordheim.
- http://www.genealogie-mittelalter.de/reussen
- **Jordan**, Karl: Studien zur Klosterpolitik Heinrichs des Löwen, in: Archiv für Urkundenforschung 17 (1942), S. 1-31.
- **Joseph**, Henriette; Porada, Haik Thomas (Hg.): Das nördliche Vogtland – Eine Landeskundliche Bestandsaufnahme im Raum Greiz, Weida, Berga, Triebes, Hohenleuben, Elsterberg, Mylau und Netzschkau, Köln, 2006.
- **Jörn**, Erhard und Rudolf: Herrschernähe – Welfennähe – Adelsnähe. Frühgeschichte und Genealogie der Vorgänger der Vögte von Weida, in: Wiedaer Hefte 6/7 (1998/1999).
- **Kölzer** Theo, u. a.: Das Tafelgüterverzeichnis des Römischen Königs, Köln, u. a., 1979.
- **Lange**, Karl-Heinz: Die Stellung der Grafen von Northeim in der Reichsgeschichte des 11. und des frühen 12. Jahrhunderts, in: Niedersächsisches Jahrbuch für Landesgeschichte 33 (1961), S. 1-107.
- **Levison**, A., u. a.: Das Verzeichnis der Königlichen Tafelgüter von 1064/65 und seine Handschrift, in: Neues Archiv d. Gesell. f. Aeltere Deutsche Geschichte 21 (1919).

➢**Meyer von Knonau**, Gerold von: Jahrbücher des Deutschen Reichs unter Heinrich IV. und Heinrich V., Band II, Leipzig, 1894.

➢**Möller**, J. H: Geschichte des Cistercienserklosters Volkenrode, in: Zeitschrift des Vereins für Thüringische Geschichte und Altertumskunde (5) 1863, S. 373-98.

➢**Neumeister**, Peter: Beobachtungen und Überlegungen zur Herkunft der Vögte von Plauen, Weida und Gera, in: NASG 68 (1997), S. 1-45.

➢Ohne **Namen**; Miszellen, Berichtigungen und Zusätze, in: Zeitschrift des Vereins für Thüringische Geschichte und Altertumskunde, N.F. 4, (1885), S. 565f..

➢**Ostritz**, Sven: Archäologischer Wanderführer Thüringen, Heft 5: Landkreis Greiz, Weimar, 2005.

➢**Petke**, Wolfgang: Kanzlei, Kapelle und Königtum Lothars III. (1125–1137), Köln, u. a., 1985.

➢**Pischke**, Gudrun: Die Herrschaftsbereiche der Billunger, der Grafen von Stade, der Grafen von Northeim und Lothars von Süpplingenburg. Quellenverzeichnis, in: Studien und Vorarbeiten zum historischen Atlas Niedersachsens 29, Hildesheim, 1984.

➢**Dieselbe**: Der Herrschaftsbereich Heinrichs des Löwen. Quellenverzeichnis, in: Studien und Vorarbeiten zum historischen Atlas Niedersachsens 32, Hildesheim, 1987.

➢**Pöppelmann**, Christa: 1000 Irrtümer der Allgemeinbildung aufgedeckt und richtig gestellt, Sonderausgabe, o.O., o.J..

➢**Resch-Rauter**, Inge: Unser keltisches Erbe – Flurnamen, Sagen, Märchen und Brauchtum als Brücken in die Vergangenheit, Wien, 1992.

➢**Rockstuhl**, Harald: Die Geschichte der Thiemsburg am Baumkronenpfad im Nationalpark Hainich, Bad Langensalza, 2006.

➢**Rosenkranz**, Heinz: Die Ortsnamen des Bezirkes Gera, Plauen, 1982.

➢ **Schmidt**, Berthold: Arnold von Quedlinburg und die ältesten Nachrichten zur Geschichte des Reußischen Hauses, Jena, 1883.

➢ **Derselbe**: Geschichte des Reußenlandes, Gera, 1923.

➢ **Derselbe**: Vier Übersichtstafeln vom Geschlecht der Heinrichinger unter besonderer Berücksichtigung der Linien die für die Stadt Zeulenroda bedeutsam gewesen sind, in: Friedrich Lorenz Schmidt: Kurzberichte aus Quellen zur Orts- und Familiengeschichte der Stadt Zeulenroda 1325–1867, Teil 1, Zeuleroda 1935.

➢ **Schneidmüller**, Bernd: Die Welfen und ihr Braunschweiger Hof im Hohen Mittelalter, Wiesbaden, 1995.

➢ **Schütz**, Hermann: Kloster Homburg, ?– 1540, in: Der Pflüger (4) 1927, S. 151f..

➢ **Spörl**, Ulla; Rüdiger, Frank: Hainberg, in: GERAde erBLÜHT – Streifzüge durch Gärten, Park und Landschaften, Gera, 2009.

➢ **Teske**, Martin: Der Kaiser und die Sudpfannen, in: Die Großen im Lande, Band I, Radbruch, 2000.

➢ **Tettau**, von: Über die Echtheit der Stiftungsurkunde des Klosters Volkenrode von 1130, in: Zeitschrift des Vereins für Thüringische Geschichte und Altertumskunde 8 (1871), S. 245-297.

➢ **Vogt**, Herbert, W.: Das Herzogtum Lothars von Süpplingenburg 1106–1125, Hildesheim, o.J..

➢ **Wengen**, Friedrich, von: Die Schlacht von Langensalza, in: Geschichte der Kriegsereignisse zwischen Preußen und Hannover, 1866.

➢ **Wenzel**, A.: Urkundenbuch der Stadt und des Kreises Langensalza während des Mittelalters, Band I, Langensalza 1908.

➢ **Wintzingerode-Knorr**, Levin Freiherr von: Die Wüstungen des Eichsfeldes, Halle, 1903.

Satz – Gestaltung – Bildnachweis: Der Verfasser

Quellennachweise

[1] UBW:1; UBN:124.

[2] Eine Urkunde von ›1130‹ (UBW-N:8), in welcher ein Heinrich von Weida, als Dienstmann Lothars von Süpplingenburg erscheint, hat sich als Fälschung (Mitte/Ende 12. Jahrhundert) erwiesen. Die Namen der weltlichen Zeugen – darunter ein ›*Heinricus de Wicha*‹ – dürften dagegen einer heute nicht mehr erhaltenen Urkunde der Zeit zwischen 1130 bis etwa 1164 entstammen. (Vgl. **Petke**, Wolfgang: Die Regesten des Kaiserreichs unter Lothar III. und Konrad II., Teil 1 (Lothar 1125 (1075)–1137), verfasst von Johann F. Böhmer, neu von W. Petke, Köln, 1994, Nr. 254.)

[3] **Albrecht** der Bär, **Wiprecht** von Groitzsch bzw. die frühen **Wetiner** eroberten dort ganze Landstriche und wurden – trotz ihrer relativ geringen Herkunft – zu angesehenen Fürsten des Reiches. Den **Welfen** von Braunschweig finanzierten nicht zuletzt durch ihre ›Eroberungen‹ in den Slawengebieten den Kampf um die deutsche Krone. (Vgl. **Blöthner**, Alexander: Wiprecht von Groitzsch und Kaiser Heinrich IV.. Der Aufstieg eines Ritters im 11. Jahrhundert, Jena, 2004.)

[4] **Brunonen**: Herren von Braunschweig, nach ihrem Ahnen Bruno († vor 1112) benannt. Vorfahren des Hannoveraner Fürstenhauses. Zwischen 1067 und 1089 stellten sie auch die Markgrafen von Meißen.

[5] Laut Arnold von Quedlinburg war die vom Zeitzer Bistum schon 974 begründete Kirche zu St. Veit in Veitsberg der wohl früheste Besitz derer von Weida ebenda.

[6] Vgl. Sven **Ostritz**: Archäologischer Wanderführer Thüringen, Heft 5: Landkreis Greiz, Weimar 2005, S. 76

[7] Schmidt fügt die Nutzung diese drei Befestigungen seitens der Herren von Weida in das chronologische Schema ein, wonach Erkenbert II. seinen Sitz von Veitsberg zunächst an das rechte Ufer des Weidaflusses verlegt, nahe der Widenkirche eine Burg erbaut und die Altstadt Weida gegründet habe. Erst sein Sohn Heinrich der Fromme [urk. 1143, 1172] habe um 1150 die Weidaer Neustadt mit der Osterburg errichtet.

[8] Die Forscherin Inge **Resch-Rauter** [Unser keltisches Erbe – Flurnamen, Sagen, Märchen und Brauchtum als Brücken in die Vergangenheit, Wien 1992] hat sinngemäß einmal gesagt, dass Sagen immer die Wahrheit berichten würden, jedoch nur sehr sehr leise, dass man deutlich genug hinhören müsse. Und schon Jakob Grimm [1816] wusste: »Die Sage trägt den Charakter der Geschichte an sich, ja die echte Sage ist das Archiv der Urgeschichte eines Volkes, solange bis die Geschichtsschreibung an ihre Stelle trat.« Die Sage lautet: Im Höllengrund nahe der Töpfergasse bei der Weidaer Papiermühle war einstmals ein Schatz vergraben. »Bald ein Traum, bald ein Licht verrieten seine Stelle, doch die zuerst Ausersehenen hielten nicht reinen Mund und ein anderer holte den Schatz unter einer großen Kiefer und einer Steinplatte weg. Das Geld konnte in Leipzig erst an den Mann gebracht werden, weil es in Gera niemand kannte und hat einen bekannten armen Schlucker in Veitsberg plötzlich reich gemacht. Sein Haus ist dasjenige gewesen, aus dem der reußische Herrscherstamm entsprossen ist.« (Robert **Eisel**: Sagenbuch des Voigtlandes, Gera 1871: 472) Der Kern dieser Legende, wonach der erste Herr von Weida aus dem benachbarten Veitsberg herübergewechselt zu sein scheint, steht auch für die Regionalforschung nicht ausser Frage. So schreibt Heinz **Rosenkranz** [Die Ortsnamen des Bezirkes Gera, Plauen 1982:15]: »Nachdem Erkenbert seinen ersten Wohnsitz ebenda nach dreimaliger Zerstörung aufgeben musste, errichtete er gegen 1150 einen sicheren Wohnsitz auf der Landspitze zwischen zwischen Weida und Auma, der nach seinem Geschlecht benannt und bald nach 1150 als ›territorium urbis Wida‹ erwähnt wird. Der Name der Stadt ging dann auf den Fluss über, dessen ursprünglicher frühgermanischer Name ›Milde‹ im Ortsnamen Mildenfurt [1209 Mildenvorda] bewahrt ist.« Weit unergiebiger dagegen ist das Versatzstück der Sage, wonach jene, denen der Schatz ursprünglich bestimmt war, ›weil sie nicht reinen Mund hielten‹, leer ausgingen – woraus man spekulieren könnte, dass es vor den Vorfahren der Vögte, ein

weiteres, namentlich unbekannt gebliebenes Geschlecht auf dem Veitsberg gegeben habe, dessen Besitz und damit auch die Früchte dessen Kolonisationswerks dann an jene überging – als ein für Schatzsagen durch und durch typisches Gestaltungselement.

[9] Vgl. **Schmidt**, Berthold: Arnold von Quedlinburg und die ältesten Nachrichten zur Geschichte des Reussischen Hauses, Jena 1883; Derselbe: Reußenland:28ff..

[10] Die These Schmidts ist zudem mit der Vorstellung verbunden, die Namen Erkenbert und Heinrich seien seit der Zeit Kaiser Heinrichs IV. (†1105) wichtige Erkennungszeichen der später welfentreuen Familie – von Weida – gewesen. Nach dem Sturz Heinrichs des Löwen um 1180 hätten sich die Weidaer dessen staufischem Konkurrenten Kaiser Friedrich I. oder dessen Nachfolger Heinrich VI. unterstellt und seien von diesen dann ins Elsterland ›verpflanzt‹ worden. Dort soll es vordem schon verschiedene Besitztümer der Pfalzgrafschaft Sachsen gegeben haben, die mit der Kolonisationstätigkeit in den Bistümern Merseburg und Naumburg-Zeitz durch sächsische Adelige entstanden seien. Als Barbarossa dann den größten Teil der Zeitzer Mark seinem Reichsgebiet Pleißenland einverleibte, seien aus den ehedem alt-sächsischen Lehen Reichslehen und deren Inhaber Reichsministeriale geworden. (Vgl. Schmidt:31)

[11] Wobei etymologisch gesehen der Name ›Weida‹ neben einer mit ›Salweiden bewachsenen Aue‹ oder einen mit diesen bestandenen Bach oder Fluss ebensogut von einem alteuropäischen Synonym herrühren kann, das sich im Keltischen [Vidu] wie auch im Althochdeutschen [Witu] in der Bedeutung von ›Wald‹ erhalten hat. (Vgl. Resch-Rauter:482) Der dritte namenskundliche Ansatz, wonach auf dem Veitsberg ehedem eine, dem slawischen Gott Vidu [Svantevit] geweihte Kultstätte bestanden habe, die mit einer, dem Heiligen Vitus [St. Veit], einem der 14 Nothelfer, geweihten Kapelle/Kirche christianisiert worden sei, wird von der neueren Forschung abgelehnt.

[12] Vgl. zur **Zweifamilientheorie**: **Neumeister**, Peter: Beobachtungen und Überlegungen zur Herkunft der Vögte von Plauen, Weida und Gera, in NASG 68 (1997): 26f., 31.

[13] Angehörige der städtischen Oberschicht.

[14] Vgl. **Cohn**, Adolf: Die Vorfahren des fürstlichen Hauses Reuß in der staufischen Zeit, in: Forschungen zur Deutschen Geschichte 9 (1869):534.

[15] **Quellenkritik**: Die Quelle aus dem Waldsassener Kopialbuch entstammt einer Feder des 14. Jahrhunderts und soll von jenem – historisch allerdings schwer nachweisbaren – Domherren um 1250 diktiert worden sein. Aus dieser Zeit ist lediglich ein Arnold als Kaplan der Äbtissin Gertrud von Quedlinburg urkundlich belegt. Die Quelle wird allgemein als glaubwürdig eingestuft, dürfte jedoch später weitgehend entstellt worden sein, um die Vorfahren der Vögte von Weida in die Nähe zum damaligen Hochadel zu rücken.

[16] Schmidt (S. 25) setzt ihn mit dem Grafen Esicho Pfalzgraf von Merseburg, einem Ministerialen Kaiser Heinrichs II. (1. Hälfte des 11. Jahrhunderts (!)) gleich.
Nach **Arnold** hatte dieser Attribo zwei Brüder, Zisce, den Grafen von Schwarzburg – dessen Geschlecht übrigens auch in der Gegend von Osterode begütert war und Walrabe, den späteren Bischof von Naumburg. (Nachweislich saß ein gewisser Walrabe zwischen 1079 und 1111 tatsächlich auf dem Hochstuhl Naumburger Bistum.)

[17] Diese Jordana wurde mit der Tochter des Pfalzgrafen von Merseburg Friedrich IV. identifiziert, die gegenüber Kaiser Friedrich I. Barbarossa (Ende des 12. Jahrhunderts(!)) Besitzanrechte geltend gemacht haben soll. (Vgl. Schmidt:28.)

[18] Der laut Arnold die Tochter des Grafen von Lutterberg geehelicht haben soll.

[19] Dieser Erkenbert II. († um 1163) soll der Erbauer von Weida im Elsterland und Großvater Heinrichs II. von Weida – dem Stifter Mildenfurts – gewesen sein. Heinrich II. soll Berta von Tyrol, eine Verwandte des Kaisers, geheiratet haben. Demnach dürfte es bis zur erblichen Reichsvogtei im ›Pleißenland‹ nur noch ein kurzer Schritt gewesen sein. (Vgl. Schmidt:29ff.)

[20] Bezüglich der Glaubwürdigkeit von mittelalterlichen Chroniken in jener an Schriftzeugnissen überaus armen Zeit hat der bekannte Landesgeschichtsforscher Walter Schlesinger einmal sinngemäß geäussert, dass die in solchen Legenden aufgeführten Informationen durchaus verwertbar seien, soweit sie andernorts nicht eindeutig widerlegt würden. Dass in Klosterlegenden auch Protagonisten eingewoben sind, die früher oder später gelebt haben oder anachronistische Ereignisse erzählt werden, mindert deren Überlieferungswert – weiss man entsprechend damit umzugehen – ansich nur geringfügig.

[21] **Jörn**, Erhard und Rudolf: Herrschernähe-Welfennähe-Adelsnähe. Frühgeschichte und Genealogie der Vorgänger der Vögte von Weida, in: Weidaer Hefte 6/7 (1998f.)

[22] Selbiges tat Lothar auch in Königslutter.

[23] Eigentlich ›*Sanctimonialium professioni*‹: [jene, die] Heiligkeit erreichen durch unbescholtenen Lebenswandel, Keuchheit und Vorbildlichkeit. Hier: Mitglieder des vormaligen Klosterkonvents

[24] (Vgl. Petke, Nr. 501.) **D**esweiteren liest Göschel aus der Urkunde: »Wenn wir hiernächst des schwächeren Geschlechts gedenken, welches bei dieser Veränderung der alten karolingischen Stiftung von dem stärkeren verdrängt wurde, so dient die Nachricht zum Troste, dass denjenigen Nonnen, welche nunmehro auswandern und sich der Aufsicht der Mönche nicht unterwerfen wollten, das Nonnenkloster zu Eisenach zu ihrer Zuflucht angewiesen wurde. (**Göschel**, zitiert bei **Rockstuhl** Harald: Die Geschichte der Thiemsburg am Baumkronenpfad im Nationalpark Hainich, Bad Langensalza, 2006:19)«

[25] »...*excessibus et debilitate sexus fragilis nostris diebus et intus est religione destitum et foris possessionibus attritum et dilapsum* ...«
(Petke :501, UBH:1, UBL:148, UBM:1/608, Dob.I:1321)

[26] Ebenda.

[27] Ebd..

[28] Vgl. Jordan:102; Vgl. **Petke**, Wolfgang: Lothar III. – Stifter der Abtei Königslutter, in Königslutter und Oberitalien, (Hg.: M. Gosebruch/H.-H. Grote), 1980:15.

[29] Dazu skeptisch: **Hoffmann** Hartmut: Bücher und Urkunden aus Helmarshausen und Corvey (MGH Studien und Texte 4), o.O., 1992:47, Anm. 15.

[30] Die Forschung identifiziert sie übereinstimmend mit Gertrud der Jüngeren, Tochter Kaiser Lothars und Richenzas, die gleichnamige Großmutter hingegen als Mutter Richenzas.

[31] Eine **Hufen** umfasste in der Regel soviel Grund und Boden, wie eine Bauern- bzw. Hörigenfamilie bewirtschaften konnte. Je nach Bodenqualität, Besiedlungsdichte und Region umfasste sie zwischen 7 und 50 Hektar. Im Bezug auf den Orlagau etwa betrug sie in den fruchtbaren Weizenregionen 10-12 ha, in den Vorbergen des Frankenwaldes [<400 m NN] allerdings um die 30 ha (Fränkische Hufen).

[32] **Solidus** (Schilling): Silberwährung, 20. Teil eines Pfundes (Mark).

[33] Ebenda, Vgl. **Brüsch**, Tania: Die Brunonen, ihre Grafschaften und die sächsische Geschichte, in: Historische Studien 459, o.O., o.J.:146.

[34] UBH:2.

[35] **Talent**: griech.-röm. Münzmaß, ursprünglich 3.600 Drachmen.

[36] UBH:4, UBL-HDL:3.

[37] UBH:.3, UB-HDL:4, UBW:4, Dob.I:1475f.

[38] »...*ut Henricus* **Erkenberti** *filius...pro quatuor libris annuorum reddituum, ... si tamen quatam libram condicto thezauro redimerem, commutandum mihi prestaret. Itaque rem propositam maturavi duasque libras...apud Cornere terciam autem apud Bremendorf et Bogisile de stinavi quarte que reditum libre, ... viginti marcis...*«. Ebenda.

[39] »...*ut dux ipsam henricus, qui nunc Saxonum tenet monarchiam, ... in perpetuum sine contradictione possidentam contraderat* ... (Ebd.).«

[40] Ebd..

[41] UBH:4; UB-HDL:5, UBL:173, Dob.I:1477, UB-W:5.

[42] Schmidt sieht in diesen Passus ein Lehen Heinrich von Weidas in Ringeln. Vgl. Schmidt:25.
[43] UBH:5, UB-HDL:53, UBL:221, UBW:18, Dob.II:251.
[44] UBH: 7, UB-HDL:111, UBL:254, Dob.II:559.
[45] UBH:20.
[46] »*concedimus igitur eidem ecclesie potestatem requirendi in villis Salcza, Cornere et Graba* (Ebd.) ...«
[47] »*... quod in nundinis de theloneo persoluiter, a domina Richenza gloriosa Romanorum imperatrice et fundatrice cenobii nostri ad Luminaria ecclesie* (UBL:335)...«
[48] UBH:10
[49] Vgl. Ähnlichkeiten der 1211er Urkunde mit der von 1142.
[50] Vgl. Brüsch, Tania:149.
[51] Vgl. **Förstemann**, E., G.: Urkundenbuch des Benediktinerklosters Homburg bei Langensalza aus den Jahren 1136–1226, Halle 1846:41f.; Vgl. **Jordan**, Karl: Studien zur Klosterpolitik Heinrichs des Löwen, in: Archiv für Urkundenforschung 17 (1942):21.
[52] Welches einen Streit des Klosters mit dem Bürgermeister Heinrich Gebhard betrifft.
[53] Diese Ordnung ist im UBH beibehalten worden.
[54] Vgl. UBH:41ff..
[55] Vgl. **Bernhardi**, W.: Lothar von Süpplingenburg, Leipzig, 1879:607f..
[56] **Itinerar**: Rekonstruktion der örtlichen Präsenz eines mittelalterlichen Herren aus Urkunden und Chroniken.
[57] Gemeint ist hier wie auch im folgenden immer Alt-Sachsen. Von der Fläche her entsprach dieses Herzogtum in etwa dem heutigen Bundesland Niedersachsen nebst dem westlichen Teil von Sachsen-Anhalt mit Magdeburg und dem nördlichen Harzgebiet. Nach der Rebellion von Heinrich dem Löwen gegen Barbarossa wurde es geteilt. Westfalen ging an die Erzbischöfe von Köln über. Die Gegend um Braunschweig erhielt Heinrich nach dreijähriger Verbannung zurück. Die Ostgebiete bekam Bernhard von Anhalt [1140–1212]. Daraus entwickelte sich das Kurfürstentum Sachsen. Im Jahre 1423 starben Bernhards Nachkommen aus und Kaiser Sigismund [1410–1437] verlieh ihr Land an die Markgrafen von Meißen aus dem Hause Wettin, das seit 1247 auch die Thüringer Landgrafen stellte. Da ein Kurfürst mehr als ein Markgraf war, nannten sie daraufhin ihr ganzes Land ›Sachsen‹ [Kursachsen].
(Vgl. Christa **Pöppelmann**: 1000 Irrtümer der Allgemeinbildung aufgedeckt und richtig gestellt, Sonderausgabe, o.O., o.J..)
[58] Vgl. Helmold Chron. Slav. I,54, zittiert bei ebd.:603f..
[59] Vgl. UBL:120.
[60] Nach einem Hinweis von Prof. Dr. Matthias **Werner**
[61] (Vgl. Jörn:27, 35f..) Leider beziehen die Herren Jörn die Ringelheimer Urkunde nicht in ihre These ein.
[62] Vgl. Jordan:22-30.
[63] Ebd.
[64] UB-HDL:3.
[65] UB-HDL:4.
[66] UB-HDL:5.
[67] Thiemsburg=Diemaresburgk (in UB-HDL:3)= Dymarsburgk (ebd:4)
[68] ›*...ceterisque ministerialibus*...‹ Vgl. UB-HDL:3.
[69] ›*...annuente*...‹ Vgl. UB-HDL:3.
[70] Die tatsächliche rechtliche Position, des Heinrich von Weida zu dieser Zeit ist unklar.
[71] 1186/ 1298 die Familie von Allstedt (Vgl. UBH:11f.); 1337/ 74 die Ritter v. Webstedt (Vgl. UBH: 37f)
[72] UB-HDL:4.
[73] Vgl. UB-HDL:2, UBW:9-14.

[74] Heinrich von Weida erscheint zwischen 1143–1173 in 25% aller Urkunden H.d.L.'s und hat nach Jordan von Blankenburg (34%) zusammen mit dem Herzberger Ministerialen den 2. Platz im Umfeld des Herrschers belegt. (Vgl. Schneidmüller, Bernd: Die Welfen und ihr Braunschweiger Hof im hohen Mittelalter, Wiesbaden 1995:47f..)
[75] Vgl. Jörn:27-36.
[76] UB-HDL:5.
[77] UB-HDL:53.
[78] Vergl. Jordan:30.
[79] UB-HDL:111.
[80] UBH:5.
[81] Ebd.
[82] Vgl. **Pischke**, Gudrun: Die Herrschaftsbereiche der Billunger, der Grafen von Stade, der Grafen von Northeim und Lothar von Süpplingenburgs. Quellenverzeichnis, in: Studien und Vorarbeiten zum historischen Atlas Niedersachsens 29, Hildesheim, 1984:124; UB-HDL:168.
[83] UB-HDL:112f.
[84] Vgl. Jordan:28.
[85] Vgl. UB-HDL:114, wo der Herzog lediglich klarstellt, dem Grafen keine Vogteirechte an sich verliehen zu haben.
[86] Vgl. Jordan:59. **D**er welfische Besitz um Homburg könnte weitentfernter Streubesitz des Hauses gewesen zu sein, um den man sich nicht gekümmert hat. So war das Kloster 1162 erneut heruntergekommen, Besitz und Hörige entfremdet (Vgl. UBH:20.), ohne das einschlägige Gegenmaßnahmen der Sachsenherzöge bekannt wären. Das erinnert an den Sachverhalt der 1136er Urkunde, wonach Kaiser Lothar und seine Gemahlin schon einmal das völlig zerrüttete Kloster wiederaufgerichtet haben.
[87] Nach neueren Forschungen wurde das Tafelgüterverzeichnis erst um die Mitte des 12. Jahrhunderts angelegt.
[88] (Vgl. **Levison**, A., u. a.: Das Verzeichnis der Königlichen Tafelgüter von 1064/ 65 und seine Handschrift, in: Neues Archiv d. Gesell. f. ältere Deutsche Geschichte 21 (1919):603.) Wobei die Datierung der Quelle und die Topographie des Ortes nach wie vor unklar sind.
[89] Lamperti Annales 163/219.
[90] Vgl. UBH:1,2,7; UB-HDL:3ff..
[91] Vgl. UBH:2; UBL:284.
[92] So wurde in Thüringen früher etwa der Dreikönigstag [6. Januar] am Ende der Heiligen Zeit [Raunächte, Zwölfnächte] als Hohneujahr oder Großneujahr bezeichnet.
[93] Vgl. UBN ab 1146, Nr. 57, 65f., 68. **D**ie These, wonach dieser Erkenbert anfänglich ein Dienstmann des Bischofs von Naumburg gewesen sei, hat seinen Ursprung in der Gleichsetzung mit einen, in den Naumburger Urkunden im Umfeld des Bischofs auftauchenden Heinrich von Weta, der mit ›Heinrich von Wethau‹, dem Besitzer oder Verwalter einer gleichnamigen Burg in dem Nachbarort von Naumburg gleichgesetzt werden kann, aber nicht unbedingt – auszuschließen ist es nicht – mittels seiner Übersiedelung nach dem spätere Weida seinen Namen dorthin verpflanzt haben muss.
[94] UBH:3.
[95] Ebd. :4f.
[96] UBW:18. verunechtet.
[97] UB-HDL:71.
[98] Ebd:85.
[99] Der Ort gehörte zum Kloster Walkenried, die Lage ist unbekannt.
[100] Vgl. **Wintzingerode-Knorr**, Levin Freiherr von: Die Wüstungen des Eichsfeldes, Halle 1903:1028f..
[101] Vgl. **Göschel**, Carl, Friedrich: Chronik der Stadt Langensalza in Thüringen, Band I, o.O., 1818:64; **E**s wird sich nicht anders verhalten haben, wie in Thamsbrück oder

Langensalza, wo die Kirchen dem Hl. Bonifatius zwar geweiht, aber nicht von ihm gegründet worden waren. (Vgl. Schütz, Hermann: Kloster Homburg, ? – 1540, in: Pflüger (4) 1927:151f..)

[102] Vgl. Göschel:78, 80.

[103] Göschel:78f.

[104] Der Bezug auf die Sage, wonach K.d.G. – angefangen mit Aachen – 24 Klöster, gestiftet und alphabetisch benannt habe, ist hier nicht zu übersehen. (Vgl. Schütz: 152.)

[105] Mit dem ›güldenen **H**‹ als Synonym für die **acht** – im christlichen Terminus das Zeichen für Unendlichkeit – soll Kaiser Karl ausgerechnet ein abgelegenes Kloster am Rande des Reiches bezeichnet haben?

[106] Thüringische Chronik des Ursinus zittiert bei Göschel:80.

[107] Vgl. Göschel:94f..

[108] Schon Förstemann hat den betreffenden Ort als ›Salzburg‹ (castra salza) an der fränkischen Saale identifiziert.

[109] »Bereits um das **Jahr 500** werden unter den – zum Westgau des thüringischen Königreichs gehörenden – Orten aufgeführt: Ammern, Brüheim, Flarchheim, Wangenheim, Tonna, Tennstedt und **Hohenburg**.« (Vgl. Schütz:147.)

[110] (Vgl. Kölzer Theo, u. a.: Das Tafelgüterverzeichnis des Römischen Königs, Köln, u. a. 1979:15.); **D**ob. I:853 räumt ein, dass Horenburg anstatt Homburg bei Langensalza, Hornburg gemeint ist. Auch sei Homburg in Hessen nicht ausgeschlossen.

[111] Vgl. Annales Lamperti 163/219.

[112] Vor der Schlacht von Homburg 1075 Anmarsch der Armee Heinrichs IV. über ›Bredingen‹ (Breitungen). (Siehe Lamp.Ann. 217.) Teillager der Sachsen bei ›Nechilstedt‹ (Nägelstedt) (Siehe Bruno's Sachsenchronik 44.)

[113] »...Ouapropter Mogontinus Coloniensis episcopi statuta die Hoenburg profecti obtinuerunt, ut, omissis ex utraque parte obsidibus, ipsi tantum pro pace firmanda fidem suam interponerent et hoc pignore venturis ad colloquium principibus omnen periculi metum adimerent... (Lamp. Ann . 163, Dob. I: 897.)«

[114] Ebd.:219.

[115] (Vgl. Ebd. 223f..) Ob nun der Kaiser die Homburg als Reichsbesitz geschützt bzw. den Besitz der ›verhassten‹ Sachsenherzöge zerstört hat, darüber äussert sich der Chronist Lampert nicht. So ist nicht zu klären, wem die Anlage gehört hat.

[116] Vgl. UBL:284. **D**as Gros des Gefolges lagerte sicher in Zelten vor der Burg.

[117] (Vgl. UB-HDL:3-5.) Förstemann stimmt dem zu, wenn er von einem Castrum und einem Hof mit Meierei als wirtschaftliche Grundlage spricht und dabei das Bestehen einer Pfalz nicht ausschließt. Allerdings sind seine Aussagen unbelegt. (Vgl. Förstemann:2.)

[118] (Vgl. Jordan: 22.) **D**em widerspricht, die Tatsache, dass es für Salza eine selbständige Überlieferung gibt mit dem kirchlichen Zentrum St. Stephan. Die Patronatsrechte für die Kirche wurden dem Kloster erst 1196 von Herzog Heinrich Pfgf. bei Rhein geschenkt. (Vgl. UBL:304, Dob.II:319,1024). **I**n der Folge wurde Grundbesitz am Abhang des (Hom-)Berges erworben. Die Bewohner der Siedlung Homburg könnten allerdings spätestens zu Zeiten der spätmittelalterlichen Agrarkrise ab dem 14. Jahrhundert nach Langensalza verzogen sein und Teile ihrer landwirtschaftlichen Nutzflächen in die spätere Stadtflur eingebracht haben. Manches stadtnahe Dorf ist auf diese Weise verschwunden. Andernorts hören wir gerade im direkten Umfeld von Klostergründungen [besonders bei denen des, wegen seiner ›Kolonisationsleistung‹ später so gerühmten Zisterzienserordens] auch von sogenannten ›Bauernlegen‹, wo Bauern- bzw. Hörigenfamilien von den an das Kloster gestifteten Ländereien vertrieben und ihre Felder viel kostengünstiger von den klösterlichen Laienbrüdern bearbeitet wurden. So erscheint etwa das vor 1320 erwähnte Dorf Wetterau bei Saalburg

in Ostthüringen nach der Klostergründung ebenda in den Urkunden nicht mehr.

[119] Vgl. Schütz, in: Pfüger, Thüringer Heimatblätter (4) 1927:161.

[120] (Vgl. ebd.:150-163.) Karte im Anhang siehe bei: **Wengen**, Friedrich, von: Geschichte der Kriegsereignisse zwischen Preußen und Hannover, o.O., 1866.

[121] **D**ie Schwerter des 8./9. Jahrhunderts waren viel kleiner als die übermeterlangen ›Anderthalbhänder‹ des Hochmittelalters. **V**orausgesetzt die beutemachenden Sieger haben solche Ausrüstungsgegenstände zurückgelassen. Allerdings konnten solche von den Hinterbliebenen demütig oft gegen einen bestimmten Obolos erworben werden. Bis vor etwa 150 Jahren waren in etlichen Thüringer Kirchen noch Waffen oder Rüstungsteile [meist allerdings aus frühneuzeitlichen Gräbern von dort bestatteten Adeligen, aber auch auch als Erinnerungsstücke an ehemalige Stiftungen] ausgestellt.

[122] Vgl. **Hüttenbräuker**, Lotte: Das Erbe Heinrichs des Löwen. Die territorialen Grundlagen des Herzogtums Braunschweig-Lüneburg von 1235, Göttingen 1927, in: Studien und Vorarbeiten zum Historischen Atlas Niedersachsens 9:21, zitiert bei Brüsch:147.

[123] Wenn Gertrud d. Ä. die Stifterin war.

[124] In einer Urkunde des Pfgf. Heinrich von 1202 werden dem Kloster 4½ Hufen und eine Mühle in Salza bestätigt, die ein Friedrich von Espenstedt als Familengut des welfisch-sächsischen Hauses zum Lehen hatte. Dabei handelt es sich mit großer Wahrscheinlichkeit um den 1142 erwähnten Besitz. Anhand dieser Urkunde geht hervor, dass die Welfen in Salza über beträchtlichen Besitz verfügt haben und nicht jedes Stückchen Land im Umkreis von Homburg dem Kloster geschenkt haben müssen, nur weil sie es anders nicht nutzen konnten. Weiterhin spricht gegen die These vom ›abgestoßenen‹ Streubesitz, dass das Kloster erst **1196** das Patronat über St. Stephan in Salza erhielt. (Vgl. UBL:304.) **1197** schenkte Otto IV. dem Kloster die Güter seines Ministerialen Herdrad (Vgl. UBH:14.). Erst um **1200** scheinen sich die Welfen aus Thüringen zurückgezogen zu haben. In diese Zeit fallen auch die offenkundlichen Fälschungen, wonach Heinrich der Löwe alle seine Güter in Thüringen dem Kloster vererbt haben soll.

[125] Wobei unklar ist, ob es sich hierbei um Windisch/ Bothen/ Issers/ Kirch- oder Neunzehnheilingen gehandelt hat. (Vgl. UBL:198, 302.) In der späteren Besitzgeschichte lassen sich Güter in Butt/Windisch, sowie Kirchheilingen nachweisen, wobei aufgrund fehlender Besitzgrößen keine genaue Identifizierung möglich ist. Wahrscheinlich ist, dass sich jene 5 Hufen in Kirchheilingen befanden. Hier erwarb das Kloster 1272/74 die Patronatsrechte, 1284 zusätzliches Land und 1288 die Vogtei. (Vergl. UBH:85,86,131.)

[126] In Thamsbrück erstmals 1291 (Vgl. UBH:132); in Schönstedt 1329 (Vgl. UBH:108) sowie in Altengottern 1335 (Vgl. UBH:46).

[127] Dabei verkaufte ein Albrecht von Grüssen aus Salza dem Kloster für 20(?!) Gulden Weinwachs am ›Hoemberg‹. (Vgl. UBH:127.)

[128] Siehe UB-HDL:4.

[129] »...*duasque libras...apud Cornere terciam autem apud Bremendorf et Bogisile*...« Vgl. ebd..

[130] (Vgl. UBL:201,226, 228, 316.) Besitz ebenda hatten: Kloster St. Petri Hasungen (Vgl. UBL:139); Hildebert und Kuno von Cornere als Ministerialen des Mainzer Erzstuhls (Vgl. ebd. :170.) (sowie das Kloster Volkenroda (Vgl. ebd.:256.).

[131] Wie noch gezeigt wird, war das gesamte Dorf Graba einstmals in welfischer Hand.

[132] UBH:20.

[133] (Vgl. UBH:25-28.) **D**er Streit mit den Hohnsteinern wurde mit allen Mitteln ausgefochten. Neben bereits besagten Urkundenfälschungen waren auf Seiten des Klosters sowohl der Papst, als auch der Mainzer Erzstuhl in den Konflikt involviert. So bestätigen beide Institutionen der Abtei ihr Recht in mehreren Urkunden. Leider lässt sich bezüglich der Aussagekraft der Quellen nichts mehr darüber sagen, inwieweit das Kloster bei dem Besitztümern ›geflunkert‹ hat.

[134] Grundstückskäufe zwischen 1291–1330
[135] Urkundlich: Bischofsgöttern
[136] Göschel will »das älteste Einnahmeregister, welches sich noch vorfindet« eingesehen und eruiert haben, dass »das Kloster Zinsen in den Orten Alten/Bischofsgöttern, Boten/Kirch/Windischenheilingen, Burgtonna, Greußen, Zimmern, Eckardsleben, Klingen, Topfstedt, Grumbach, Henningsleben, Illeben, Merxleben, Schönstedt, Salza, Tottleben, Tunghesbrugk (Thamsbrück) und Vajola zu erheben gehabt« habe. (Vgl.:126.)
[137] Vgl. Olearius synth. II:87, zitiert bei Förstemann:42f..
[138] »Von Aebten erscheint in den vorstehenden Urkunden (des Homburger Urkundenbuches – Anm. d. Verf.) Abt Konrad, den Herzog Heinrich als einen üblen Wirt bei den Nonnen traf und Abt Bertheus, dem der Erzbischof Siegfried von Mainz die Bischofsinful zu tragen erlaubte. Hierzu kommt Abt Thiemmo, welcher kurz nach des Klosters Verwandlung die Dimarsburg dazu kaufte. (Göschel, zitiert bei Rockstuhl: 19.)«
[139] **Vogtei**: Weil die Nonnen bzw. Mönche eines Klosters einen geistigen Lebenswandel zu führen hatten, betraute man mit der Vogtei – also der Verwaltung des Klosterbesitzes – zumeist benachbarte Adlige und stellte sich in deren Schutz.
Die Vögte von Weida kamen nicht zuletzt darum zu Macht und Einfluss, weil sie die Vogteirechte über riesige Länderen des Königstums nutzen konnten. Im Mittelalter bestand eine typische ›Geldanlage‹ für Vermögende ferner darin, einem Kloster ›um der guten Werke Willen‹ Besitztümer zu schenken, sich aber dessen Nutzung vorzubehalten bzw. diese – beispielsweise um 5% – verzinsen zu lassen. Damit aber das Schenkungsgut der Familie auch längerfristig zur Verfügung stand, bestimmte man ›nicht nur des Seelenheils wegen‹ ein Familienmitglied dazu, in jenes Kloster einzutreten, ob es wollte oder nicht. Mit der Zeit kam es nicht zuletzt darum, zu Missständen in den Klöstern. Die ursprünglich rein spirituelle Ausrichtung solcher Gemeinschaften wurde immer profaner, bis am Vorabend der Reformation ein Tiefpunkt erreicht war, an dem selbst die geistliche Versorgung der Gläubigen gefährdet war. Es ist kein Zufall, dass Reformation und Bauernkrieg sich gerade an jenen Orten zentrierten, wo dies der Fall war.
[140] Vgl. Petke, Nr. 502.
[141] Vgl. UB:HDL:111.
[142] Vgl. Jordan:25f., Petke, Nr. 502.
[143] Vgl. UB-HDL:53.
[144] Die zu weiten Teilen aus heute nicht mehr vorhandenem Quellenmaterial zusammengeschrieben sind, aber auch viele mündlich überlieferte Erzählstränge beinhalten.
[145] (Vgl. Göschel:83f.) Neuere Forschungen vgl.: C. Müllers: Geschichte Langensalzas.
[146] **Düringische Chronik** des Johann **Rothe** 409 p. 323f, in: Thüringische Geschichtsquellen, Band III, Hg. von R. v. Liliencron, Jena 1859.
[147] Schloss Driborg zu Salza soll andernorts auch Drifurtum genannt worden sein. Allerdings ist die Ähnlichkeit mit Treffurt an der Werra hier evident. (Vgl. Göschel:85.)
[148] Wobei der Ortsname auch von den 3 Furten ebenda herrühren kann. In der Schenkungsurkunde Ks. Lothars von ›1130‹ bezüglich der Ruine Volkenroda taucht ein **Bernhard von Trefurt** neben Alfriede von Körner und Leupold von Gottern auf. (Vgl. UBL:141.) Ein **Reginhard von Treffurt** erscheint 1157 als landgräflicher Ministerialer in einer Kaiser Urkunde Friedrich I.. (Vgl. UBL:254f..) Desweiteren ist 1186 ein landgräflicher Ministerialer *Regenhardus de Driuorde* (Vgl. UBL:278) sowie ein **Reginhardus II. v. Treffurt** (Vgl. UBL:293) im Jahre 1192 nachweisbar. Der späte Zeitraum, in dem das Treffurter Geschlecht in den Quellen auftaucht, machten seine Involvierung in die Geschicke des Klosters Homburg unwahrscheinlich. Dass selbiges in den Quellen neben den lgf. Ministerialen von Salza und Gottern geführt wird, ändert daran kaum etwas.

[149] In besagter Urkunde schenkte Heinrich der Löwe dem Kloster Amelunxborn einen Hof. Der Homburger wird als letzter Zeuge geführt. Weiter vorne finden sich **Heinrico de Wida**, Liupoldo de Hertesberch und Annone de Heimenburch. (Vgl. UB-HDL:73; Vgl. **Pischke**, Gudrun: Der Herrschaftsbereich Heinrichs des Löwen, Quellenverzeichnis, in: Studien und Vorarbeiten zum historischen Atlas Niedersachsens 32, Hildesheim 1987:66; **Händle**, Otto: Die Dienstmannen Heinrichs des Löwen, Stuttgart 1930:26.); Auch tritt der *Homburch*er zu einer Zeit auf, die für unsere Fragestellung irrelevant ist.

[150] (UBL:215, Dob.II: 152, 534.) Allerdings bleibt unklar, ob nicht eine andere Familie von Salza gemeint war. Ferner kann er keinem direkten Dienstherren zugeordnet werden.

[151] (Vgl. UBL:256.) Andere Mitglieder dieses weitverzweigten Hauses waren auch in landgräflichen Diensten. (Vgl. UBL:278(1186).)

[152] Von der Volkenrodaer Urkunde von ›1130‹ abgesehen.

[153] UBH:34.

[154] »...*cum silvis, cum agris, cum domibus, cum domatibus, cum passcuis, cum fedditibus*...« Vgl. UB-HDL:4.

[155] Lage des Ortes unklar.

[156] Vgl. UBL:278.

[157] Wann dieses Lehen erworben wurde, ist unbekannt. Wir wissen nur davon, weil eine Familie Merlere 1342 dem Kloster 60 Acker Holz ebenda verkaufte, die sie von denen von Salza zum Lehen hatte. (Vgl. UBH:34.)

[158] (Vgl. UBH:11.) In der verunechteten Urkunde von 1179 findet sich ein **Waltherus de Salcza** am Ende der Zeugenliste nach dem welfischen Ministerialen Lupuldus de Hirsbergk. (Vgl. UB-HDL:113.)

[159] Vgl. ebd., Nr. 14.

[160] »...*consencientes patri monii nostri in Salza*...«. Vgl. ebd., Nr. 15.

[161] (Vgl. ebd., Nr. 21.) Eine Recherche über welfische Lehen in Openstedt und Reinsdorf steht noch aus.

[162] Vgl. ebd.:; Pischke, 1987:68.

[163] Während ein *Bertoldus de Sconerstede* noch 1170 in Hersfelder Diensten gestanden haben wird. (Vgl. UBL:240, Dob. II:1115.)

[164] Vgl. Cohn:535.

[165] Vergl. UBL:312; Dob.II:1220.

[166] Vergl. Göschel:93; Nach Hessler (S. 112f.) lag Nägelstedt im Altgau.

[167] Vgl. **Hessler**, Wolfgang: Mitteldeutsche Gaue des Frühen und Hohen Mittelalters, Berlin, 1957:154f..

[168] In den Quellen kann Homburg keinem Gau zugesprochen werden. Jedoch liegt der Ort genau zwischen Salza und Heroldishausen und demnach im Westgau.

[169] Vgl. UBL:11.

[170] Vgl. ebd., Nr. 12; Dob.I:222.

[171] Vgl. ebd. Nr. 14; Dob. I:201.

[172] Vgl. ebd. Nr.20; Dob.I:227.

[173] Vgl. ebd. Nr. 25; Dob. I:294.

[174] Vgl. ebd. Nr. 27; Dob.I:339.

[175] Vgl. ebd. Nr. 49; Dob. I:654.

[176] Vgl. Dobenecker: Landgrafschaft. **D**as nach seiner Burg Wettin/Saale nördlich von Halle benannte, bis 1918 das Königreich Sachsen und die ernestinischen Herzogtümer in Thüringen beherrschende Geschlecht lässt sich im übrigen von besagtem Mgf. Burchard sowie dem Meißner Mgf. Heinrich von Eilenburg [†1103] ableiten.

[177] Vgl. Pischke, 1987:14f.; UB-HDL:4.

[178] Vgl. die jährliche Ablöse für das Thiemswaldgut, den Besitz zweier Drittel des Herzogswaldes, nur um die wichtigsten Besitztümer zu nennen.

[179] Allerdings ist diese häufige Zeugenschaft erst ab 1143 nachweisbar. Wenn aber

schon 1139(?) größere Besitzstände veräussert wurden, stellt sich die berechtigte Frage, wer den Besitz erworben hat, Heinrich selbst oder seine Vorfahren. Letztere Vermutung setzt eine längere Ministerialentradition der Weidaer voraus, als bisher angenommen wurde. Wie bei der topographischen Untersuchung des Grass/ Herzogswaldes bei Volkenroda später zu sehen ist, wird derjenige ›Herzog‹, dem dieser Wald gehörte, erster Dienstherr der Weidaer gewesen sein. Auch die Chroniken weisen auf die nicht unbedeutende Stellung eines Heinrichs von Weida hin. (Vgl. Chron. Slav. I c. LXX, in MGSS. XXI:1-99 ; Script. Brunsvic II:519 ; Arnold Lubiecens II, 17, in: MGSS XXI, p. 137.

[180] So besaß das Kloster St. Petri zu Hasungen 7 Hufen zu Körner, (Vgl. UBL:139 (›1130‹).) Auch Kaiser Otto III. hatte dem Mainzer Erzstift Land ebenda geschenkt. Ein Heinrich von Körner trat 1143 als Mainzer Ministerialer auf. (Vgl. UBL:169f.)

[181] Vgl. UBL:141, Dob.I: 1249; Petke, Nr. 254.

[182] Vgl. **Möller**, J. H.: Geschichte des Cistercienserklosters Volkenrode, in: Zeitschrift d. V. f. Thür. Geschichte u. Altertumskunde (5) 1863:373.

[183] Im Urkundentext: ›*duce Ludegero rege facto*‹ »Den Grund und Boden zum Kloster tauschte die Stifterin (...) vom Lgf. Ludwig II., dem ›*regionarius comes*‹, wie er nach seiner Erhebung zum Landgrafen, und reicher Dotierung durch König Lothar seit 1133 öfters genannt wird... (Möller:375)«

[184] Landgraf von Thüringen

[185] **Urkundenfälschungen** waren im Mittelalter keine Seltenheit. urkundlich bezeugte Rechtsgeschäfte waren in den Klöstern weniger als anderswo der Zerstörung bzw. Zerstreuung ausgeliefert. Mit der Zeit – als infolge dichterer Besiedlung das Gerangel um Ressourcen, wie Felder, Wälder, Wasserrechte zunahm – zögerten viele Äbte nicht, ihrem vermeindlichen Recht durch Fälschungen etwas nachzuhelfen. Zumeist bezog man sich auf tatsächliche Urkunden, die neu verfasst, dabei umdatiert bzw. um Schenkungsgüter erweitert wurden. Das konnte gegenüber einer zumeist analphabetisierten Gegnerschaft von enormen Vorteil sein. Oftmals genügte es auch, den Landbesitzern Fegefeuer und Hölle anzudrohen, wenn der Besitz nicht herausgegeben würde. Manche Flurstücke heissen darum noch heute die ›Hölle‹ oder ›Höllengrund‹ wenn sich die Angegriffenen davon nicht beeindrucken ließen.

[186] Vgl. Anmerkung 2 (Petke, Regesten Lothars III., Nr. 254.).

[187] Vollständiger Abdruck in: **Tettau**, von: Über die Echtheit der Stiftungsurkunde des Klosters Volkenrode von 1130, in: Zeitschrift d. V. f. Thür. Geschichte und Altertumskunde 8 (1871):254f. (Textkritik, S. 245-48); Vgl. auch: **Gemeinde Volkenroda** (Hg.): Ortschronik von Volkenroda, Mühlhausen, 1991:31.

[188] Vgl. **Fenske**, Lutz: Adelsopposition und kirchliche Reformbewegung, Göttingen, 1977.

[189] Er geht nach einer anderen Quelle von einem ›*destructum castrum regium*‹ aus (Vgl. Tettau:254.).

[190] Vgl. Fenske:131f.; UBL:100.

[191] Vererbbarer Eigenbesitz

[192] Die ältere Forschung ging davon aus, das Kloster Volkenroda sei um 1100 von Lothar v. Süpplingenburg gegründet worden (Vgl. Rudolphi: Gotha diplomata II.p. 265, zittiert bei Tettau:246, 248.), jedoch stellte von Tettau bereits 1871 diese Angaben in Frage und führte mehrere Gegenargumente an:
a) Es gebe es keinen Hinweis auf Lothars diesbezügliche Gründungstätigkeit.
b) Lothar sei um diese Zeit noch zu jung und nicht in Würden gewesen.
c) Der Süpplingenburgische Besitz habe sich weiter entfernt um Süpplingenburg und Halberstadt konzentriert.
Wir fügen d) hinzu, dass Rudolphi dabei die Homburger Urkunden noch nicht gekannt haben wird. Dennoch ist die Verbindung Lothars zu Volkenroda, die Rudolphi hergestellt hat, für unsere Fragestellung interessant. Er wird für diese Argumentation seine Gründe gehabt haben.

[193] Vgl. Rudolphi: Gotha diplomata II.p. 265, zittiert bei Tettau:246, 248.

[194] Piscke, 1987:67f., 78.
[195] Zitiert bei ebd.:31.
[196] Vgl. **Vogt**, Herbert, W.: Das Herzogtum Lothars von Süpplingenburg 1106–1125, Hildesheim, 1959:75.
[197] UB-HDL:28
[198] Siehe Zitat von Vogt in den Anmerkungen des Kapitels: Heinrich von Weida – ein Dienstmann Lothars von Süpplingenburgs?
[199] (Vgl. Möller:374-76) Tettau spricht sich vehement gegen eine lotharische Gründung aus. (Vgl. eb.:249.)
[200] Vgl. Vogt:75.
[201] UB-MHL:37; Dob. I:1379; UBW:2.
[202] Man lehrt daher die Studenten: »Der größte Feind des Historikers ist nicht der Irrtum, sondern die Faulheit.«
[203] Vgl. http://**www.genealogie-mittelalter.de/reussen**.
[204] »Über die in derselben bestätigte(n) Schenkung seiner (des Stifters – Anm. d. Verfassers) Eltern ist (...) (in der) U(rkunde) scheinbar nicht(s) erhalten. Will man aus der u. no. 10 bei Schmidt das in Frage stehende Regest geben, so muss dies lauten: Gertrud und ihr Gemahl H. v. Baiern und Sachsen, schenken dem Kl. Volkenroda die Mühle (...) bei Graba und ein Drittel des Herzogswaldes. – vor (1139.) Die Beurkundung des Kaufes einer Hufe von Heinrich v. Weida gehört in der bei Schmidt l.c. no. 10 gegebene U.; das ganze Regest muss demnach aus dem Vogtl. UB. Gestrichen werden.« (O. Namen: Miszellen, Berichtigungen und Zusätze, in: Zeitschrift d. v. f. Thür. Geschichte u. Altertumskunde, NF4, (1885):566.)
[205] UBW:10; UB-MHL:43; UB-HDL:28.
[206] »*Sed et ministerialibus noster Heinricus de Wida supra memorate silve residuum ex gratia nostra possidens mansum unum prescripto cenobio pro quinque marcis argenti venumdedit nostra similiter concessione.*« Die letzten beiden Zeugen waren ebenjener ›*Heinricus de Wida*‹, sowie ›*Liupoldus de Hirzesberc*‹.
[207] UB-MHL:76; UBW:37; Wintzingerode-Knorr:1026.
[208] Das belegt eine Urkunde von 1270, wonach es zu späterer Zeit wiederum einen Streit des Klosters mit dem Rat zu Mühlhausen gegeben zu haben scheint, in dessen Folge das Gefälle des Mühlbaches gerichtlich festgestellt wurde. (Vgl. UB-MHL:210.)
[209] Vgl. Schmidt:26-29.
[210] Zwischen 1209 und 30 Erwerb der Fortmühle. 1213 bestätigte Ks. Otto IV. den Volkenrodaer Mönchen den Besitz einer Mühle zu Gömar. 1285 Ankauf einer Mühle im Ort. 1223 Erwerb der Mühle zu Burgrieth, Erwerb von 4 weiteren Mühlen in den Jahren 1250/ 1260/ 1270/ 1278. (Vgl. UBL: 110, 210, 251320f, 462, 673, 1036.)
[211] UB-MHL:1003.
[212] Vgl. Wintzingerode-Knorr:1027, Schmidt:29. Gesetzt dem Fall, dass es nach der angeblichen Stiftungsurkunde für Volkenroda ›1130‹ einen *Conrad de Salfildi* gegeben hat, werden die Weidaer zu dieser Zeit nicht die einzigen Herren im Dorf gewesen sein.
[213] Dies nahm bereits Berthold Schmidt an.
(Vgl. www. genealogie-mittelalter/reussen:1.)
[214] Vgl. UB-MHL:247.
[215] Der Bestand einer zweiten Kapelle muss jedoch keinesfalls allein den gewachsenen seelsorgerischen Bedürfnissen vor Ort geschuldet gewesen sein. Vielfach finden wir solche Zweitkapellen allein mit dem Stiftungshintergrund der Grablege bzw. dem Lesen von Seelenmessen auch neben anderen Ortskirchen errichtet.
[216] Den **Mühlenbetrieb des Mittelalters** kann man im weitesten Sinne mit den Tankstellen der Gegenwart vergleichen: Die Menschen waren von ihnen abhängig und das wurde ausgenutzt. Jedermann benötigte Mehl zum Brotbacken, doch das Mahlen war nur ›grundherrlich lizenzierten‹ Mühlenbetreibern erlaubt. Mit einer Mühle konnte man damals viel Geld verdienen. Das wirft auch ein Licht auf den

Status derer von Weida.

[217] Das heute als ›Herzogswald‹ bezeichnete Gebiet erstreckt sich von Volkenroda bis zur Straße Großgraba-Saalfeld. Wir vermuten, das Areal reichte im 12. Jh. mindestens bis zu dem Ort Reiser. (Vgl. Witzingerode-Knorr, Wüstungskarte des Eichsfelds im Anhang.)

[218] Vgl. Jörn:101f., 106, 119.

[219] **Rechtsgeschäfte von Frauen** bedurften bis weit ins 19. Jahrhundert hinein der Anwesenheit eines kridischen Vormundes, meist einer männlichen Bezugsperson, in diesem Fall der jeweiligen Gatten Heinrich der Stolze bzw. Heinrich Jasomirgott.

[220] Vgl. Witzingerode-Knorr:319; Ortschronik Volkenroda:31f, 132-135.

[221] Vgl. UB-MHL:247.

[222] Mittels einer Analyse des Schellewitzer Besitzes die verlorenen Besitzstände derer von Wida eruieren zu wollen, ist unmöglich, da die Familie im 14. Jahrhundert weit verzweigt, verschwägert und in einige Besitzgeschäfte und Verleihungen involviert war. (Vgl. UB-MHL:517, 521.)

[223] (Vgl. UB-MHL:918, 946, 949.) Bemerkenswert ist die Verbindung Wida – Forst – Saalfeld.

[224] Vgl. Wintzingerode-Knorr:1026f..

[225] Von Kaiser Lothar wissen wir, dass er die Salzgewinnung in seinen Gebieten enorm gefördert hat. Allerdings ist dieses Argument für unsere Fragestellung nicht ausreichend, denn andere Herren werden dasselbe getan haben. (Vgl.: **Teske**, Martin: Der Kaiser und die Sudpfannen, in: Die Großen im Lande, Band 1, Radbruch 2000. Manuskript unter: http://www.mmanuskriptt.de/portraits/lothariii kaiser.htm.

[226] Vgl. Ortschronik Volkenroda:84.

[227] Vgl. Ebd.:1024f..

[228] Ebd.. **N**icht einmal eine Sage von einer gewesenen Burg Wida ist festzustellen und dabei sind es gerade die Überlieferungen wirklicher, meist aber vermeindlicher Befestigungsanlagen, mit denen die Sagenwelt mehr als reichlich umgeht.

[229] Vgl. Karte von Wintzingerode-Knorr

[230] Vgl. Ulla **Spörl**, Frank Rüdiger: GERAde erBLÜHT – Streifzüge durch Gärten, Park und Landschaften, Gera 2009:34.

[231] Im Übrigen spricht eine undeutliche Notiz aus der alten Forschung gegen diese Theorie. Demnach würde »nicht erheblich sein, ob Weida noch zum Eichsfeld oder zum Gau Winidon gehörte, von diesem letzteren sagt Böttger (Die Brunonen:553), dass das Kirchdorf Windeberg an seiner Südwestgrenze bei Saalfeld liege.« (Vgl. **Schrader**, L.: Die älteren Dynastenstämme zwischen Leine, Weser und Diemel, 1832:208, Anmerkung 103, zitiert bei Cohn:535.)

Danach gäbe es keine Verbindung zwischen Volkenroda und Wida.

[232] Vgl. Schmidt:29.

[233] Vgl. Thuring. Sacra I:76, Nr. 33/ 44, zitiert bei ebd..

[234] Vgl. Wintzingerode-Knorr:1026.

[235] Vgl. Ebd..

[236] Vgl. UBH:143.

[237] UB-MHL:76; UBW:37, Wintzingerode- Knorr:1026.

[238] **Bemerkenswert ist, dass dieser *advocatus de Wida* ebenso wie die ›Vögte von Weida‹ im Elsterland den Vogtstitel führt.**

[239] Vgl. Neumeisters Zweifamilientheorie im Kapitel zur Forschungsgeschichte. Für Cohn ist die einschlägige Urkundenstelle: »*Universis nobilibus et humilibus ...*« bis »*... ab omni in debite exactione laesione desiit impedire.*« der entscheidende Beweis, dass sich die beiden Urkunden trotz eines Unterschiedes von 4 Generationen auf ein und dieselbe Familie beziehen. (Vgl. Cohn:534.)

[240] Zumal uns Neumeister eine Erklärung schuldig bleibt, woher die andere Familie von Weida entstammte.

[241] Vgl. Schmidt:29f..

[242] Vgl. Cohn:535.
[243] Vgl. Händle:38.
[244] westlich der Saale gelegen
[245] Vgl. UBL:286, Dob. II: 833.....
[246] ›*a progenitoribus ...Lotharii* (UBH:1)‹.
[247] Vgl. UBH:2, 22.
[248] »*...Gerdrudis auia mea ecclesiam Beati Cristofferi in fundo suo Homburgk sitam prediis...extulit et ornauit...* (UBH:2).«
[249] Brüsch:149.
[250] Vgl. DH III: 279, zitiert bei Brüsch:28.
[251] Nach der Chronik der *Ducum* (Herzöge) von Braunschweig aus dem 13. Jahrhundert über die allerdings fraglichen Verwandtschaftsverhältnisse zwischen Brunonen und Ottonen seien von den 3 Söhnen des *Ludolfus dux Saxonie* namens Otto, Bruno und Tanquard, die letzteren beiden die Gründer Braunschweigs gewesen, die aber im Kampf mit den Dänen, den Tod gefunden hätten, worauf Otto, der Vater des späteren Königs Heinrich I. *Dux Saxonie* (Herzog von Sachsen) geworden sei. (Vgl. Brüsch:26f..) Diese Geschichte von der Gründung Braunschweigs wird in dem Moment interessant, wo es darum geht, dass die Brunonen Braunschweig besaßen, aber ein Vorfahr Lothars in einer Chronik einmal als ›*Principi de Brunsvic*‹ (Fürst von Braunschweig) bezeichnet wird. Leider ist dieser Hinweis zu einer wirklichen Beweisführung ungeeignet und soll nur die Wahrscheinlichkeit einer früheren Verbindung zwischen Lothars und Richenzas Ahnen betonen.
[252] »*... En edele vorste de was geheten Ezerd, gewan enen Diteriken; Dideric gewan Bernarde, de was Vader Bennen; Benne gewanDiterike den hertogen und marcgreven, de was vader Bernhardes; de wan marcgreven Bernharde; dese gewan marcgreven Willehelme unde greven conrade...; De marcgreve Willehelm ne hadde nene Kindere, he ward geslagen van de weneden...Greve Conrad gewan ene Gertrude, de nam towive Frideric van Baiern van Vorenbach und gewan van ere Hadewige...* (**Sächs. Weltchronik** cap. 237, in: MGH. Chron. II, 199, zitiert bei. Bernhardi:809f..)"
[253] (Vgl. Bernhardi:810.) In der Sächsischen Weltchronik Kapitel. 237 heisst es dazu: »*Darna nicht lange tid wolde sin riden erer muoder uppe deme wege so grep se greve Gevehard mit gewalt unde wan se aver to wive un ene achtede nicht der ede noch des bannes de ene ben de ander bischop Burchard van Halverstad. Also ward he vermensamet und verlos darna sin lif jamerlike. He ward geslagen bi der Unstrote bi Hamburch...* (Zitiert bei Bernhardi:811)."
[254] Eine weitere Spur führt ebenfalls nach Sachsen: Mit der Begründung, dass c. 270 der Weltchronik in den Rez. A und B. Fehler enthalten würden, behauptet Faustner (S. 146, zitiert bei Petke:4.), dass Hedwig vielmehr eine Nachkommin aus der Zweitehe der Gertrud mit dem **Billunger Ordulf** gewesen sei. Nach der Bezeichnung von Lothars Haldenslebener Großmutter in der Formbacher Überlieferung als ›*neptis regis*‹ soll sie über **Ludolf** von **Braunschweig** eine Nichte Kaiser Heinrichs III. gewesen sein. (Vgl. **Wolf**, A.: Königskanditatur und Königsverwandtschaft, in: deutsches Archiv 47 (1991):109-111.)
[255] Vgl. Fenske:141.
[256] Vgl. ebd.:136, 139f..
[257] Vgl. ebd.:302.
[258] »*...ex genere clarissimo editus...*« Thietm. Chron VI c, 94(58), zitiert bei Fenske: 299.
[259] Thietmar bezeichnete Brun als seinen ›*contemporalis et conscolaticus*‹. (Vgl. ebd..)
[260] Das Erbe der Grafen von Stade ist von H.d.L. 1144 angetreten worden. (Vgl. Pischke, 1987:48.)
[261] Vgl. Pischke, 1984:24-27.
[262] Vgl. Bernhardi:807.

[263] »*Gevehardus vero...filium suum Borchardum pium agnomine ... reliquit. Hic* (Gebhard. Anm. D. Verf.) *inter ceteras, quas in diversis locis filias viris magnificis nuptui tradidit, cuidam principi de Brunswich unam (Ida von Querfurt, nach den Ann. Saxo und den Ann. Magdeb.) desponsavit, que postea Luderi imperatoris avia facta fuit.*« zitiert in: Holstein: *Fundacio ecclesie collegiale in castro Quernfurdt*, in: Zeitschrift des Harzvereins IV:78-85, zitiert in: Bernhardi:807.

[264] Vgl. Wolf:109-111.

[265] Vgl. **Faussner**: Die Thronerhebung des deutschen Königs im Hochmittelalter und die Entstehung des Kurfürstenkollegiums, in: ZRG GA 108 (1991):60, zitiert bei Petke:4.

[266] Vgl. Förstemann:5.

[267] Vgl. Bernhardi: Lothar von Süpplingenburg, Leipzig, 1879:13f.; **Meyer von Kronau**, Gerold von: Jahrbücher des Deutschen Reichs unter Heinrich IV. und Heinrich V., Band II, Leipzig 1894:69, 504, 882; **Wenzel**, A.: Urkundenbuch der Stadt und des Kreises Langensalza während des Mittelalters, Band 1, Langensalza 1908:285; Vogt:4.

[268] Vgl. Jordan:21.

[269] Thüringische Chronik des Ursinus zittiert bei Göschel:80.

[270] Die **Forschungsgeschichte zu Lothars Geburt** ist ein gutes Beispiel für die Probleme bei der Rekonstruktion von Geschichte und den Wandel in der Forschung: Gestützt auf den Disibodenberger Annalisten war ursprünglich angenommen worden, Lothar sei kurz vor oder nach der Schlacht von Homburg geboren worden. Daraufhin zog Bernhardi diese Ansicht in Zweifel: Über Lothars Geburt und Jugend wisse man kaum etwas. Wie soll ein Jüngling im Alter von nur 13 oder 14 Jahren als Genosse des Mgf. Ekbert gegen Kaiser Heinrich IV. gekämpft haben, im Jahre 1088 den Erzbischof Liemar von Bremen gefangen nehmen und die Vogtei des Erzstifts gefordert haben können? Daraufhin wurde die Homburg-These verworfen und ein früheres Geburtsdatum (1060–65) angesetzt. (Vgl. Ann. Stad. (MGS XVI, 316 (1089), zitiert bei Bernhardi; S. 811.) Später stellte man fest, dass die Identifizierung des zu 1088 genannten Grafen Luder mit Lothar (Luder) von Süpplingenburg mehr als unsicher ist und kehrte zur bisherigen Ansicht zurück. (Vgl. Vogt:4; Petke:3; **Freund**, Stephan: Lothar III., in: Biographisch-Bilbliographisches Kirchenlexikon, Band V, (1993), Sp. 256-262.

[271] »... *En edele vorste de was geheten Ezerd, gewan enen Diteriken; Dideric gewan Bernarde, de was Vader Bennen; Benne gewan Diterike den hertogen und marcgreven, de was vader Bernhardes; de wan marcgreven Bernharde; dese was marcgreven Willehelme unde greven conrade...; De marcgreve Willehelm ne hadde nene Kindere, he ward geslagen van de weneden...Greve Conrad gewan ene Gertrude, de nam towive Frideric van Baiern van Vorenbach und gewan van ere Hadewige...* (Sächs. Weltchronik cap. 237, in: MGH. Chron. II, 199, zitiert bei Bernhardi:809f..)«

[272] Mit Ausnahme des Namens Bertold, der in der Urkunde von 1211 in veränderter Form auftaucht, sind die Namen Rudolf, Heinrich, Gebeno, Berthold, Dietrich, die Olearius als die ältesten Äbte des Klosters nennt, unseren Quellen unbekannt und weisen, wenn Olearius nicht irrt, auf eine längere Tradition, als Mönchskloster(!) hin.

[273] Beachte auch den Namen der Anlage: Homburg!

[274] Für ein Kloster spricht die Vermutung, der Erzbischof von Mainz habe für das Fürstentreffen von 1073 einen neutralen Ort, vielleicht ein Kloster gewählt und nicht eine Pfalz Kaiser Heinrichs.

[275] Auch zu St, Ägidien bei Braunschweig hat Lothar 1136 ein Nonnen- in ein Mönchskloster umgewandelt. (Vgl. Mainzer UB 608 (1136), in: Vogt:60.)

[276] Die Annahme, der Homburger Besitzkomplex habe einst zu Haldensleben gehört, hat nicht weitergeführt, zumal diese Herrschaft zwischen Salzwedel und Lüneburg zentriert war. (Vgl. Pischke, 1984:63.)

[277] Vgl. Bernhardi:807.
[278] Vgl. Petke, Nr. 480; Privileg Innozenz' II. von 1139, in: (JL 7960) (VU), Hirsch/ Ottenthal, Dlo.III 83, zittiert ebd..
[279] **Investiturstreit:** Für die Errichtung und Firmierung des deutsche Kaisertums im 10. Jahrhundert war das sogenannte ›**Reichskirchensystem**‹ von großer Bedeutung. Die Kaiser verwalteten über – von ihnen selbst eingesetzte – Reichsbischöfe große Ländereien. Diese Machtstütze geriet in die Krise, als im 11. Jahrhundert – bedingt durch kirchliche Reformbewegung und erstarktes Papsttum – die Investitur (Einsetzung) der Kleriker durch den Territorialherren seitens der Papskirche bekämpft wurde. Die Bischöfe sollten nur noch vom Papst eingesetzt, die Äbte vom Konvent gewählt werden. Es ging um die Unabhängigkeit des Kirchlichen vom Weltlichen, allerdings auf Kosten des vormals der Kirche geschenkten Besitzes.
[280] Vgl. **Petke**, Wolfgang: Kanzlei, Kapelle und Königtum Lothars III. (1125–1137), Köln, u.a., 1985:281, 296ff.; **Falck**, L.: Klosterfreiheit und Klosterschutz. Die Klosterpolitik der Mainzer Erzbischöfe von Adalbert I. bis Heinrich I., in: Archiv für Mittelrheinische Kirchengeschichte 8 (1956):21-75.
[281] Vgl. Pischke, 1987:30.
[282] Vgl. **Hüttenbräuker**, Lotte: Das Erbe Heinrichs des Löwen. Die territorialen Grundlagen des Herzogtums Lüneburg-Braunschweig von 1235, Göttingen 1927. (Studien und Vorarbeiten zum Historischen Atlas Niedersachsens 9), zitiert bei Brüsch:147.
[283] Vgl. Pischke, 1984:33, 67f.: Nr.: 60, 76, 80, 83ff, 88, 92, 96; 1984:77, Nr.: 197, 199; **D**iese Information bezieht die Autorin von Vogt, der 1959 konstatierte: »Ein untrüglicher Hinweis, dass Lothar schon während der Zeit als Herzog seine Interessen in Thüringen wahrnahm, gibt uns die Klostergründung in Volkenroda. Die von Lothar in Anspruch genommene königliche Burg Volkenroda vertauschte er an die Gfn. Helinburgis, die Frau Erwins I. von Tonna. Als Gegenwert ließ sich Lothar die Ortschaften Mehrstedt und Billeben übertragen, die, wir betonen es, inmitten brunonischen Besitzes lagen. Gerade dieser Tausch zeigt, dass Lothar gerade in diesem Gebiet eine feste Stellung innehatte, die unzweifelhaft auf dem Besitz der ehemaligen brunonischen Allode und der Homburger Vogtei beruhte. (Vogt:75.)
Die Basis für diese Argumentation bezieht Vogt von Hüttenbräuker. Als Quellen werden die gleichen Belege (Dob. I:1249) angegeben, mit denen wir – freilich mit anderem Ergebnis – argumentiert haben (Vgl. Kapitel: Das Kloster Volkenroda.).
[284] Vgl. Vogt:78-82.
[285] Weil lt. Vogt Homburg und der Thiemswald brunonisch waren, wenn er auch eine direkte Verbindung Heinrichs von Weida zu Lothar nicht beweisen konnte. Als Beleg wurde hier die Urkunde von 1143 herangezogen, wo Heinrich von Weida als Lehensnehmer der Herzogin Gertrud d. J. erscheint.
[286] Vgl. Urkundenbuch Ilsenburg 9 (1110); UBHH I 167; DL III 21f, 59; zitiert bei Vogt:78-82.
[287] (Vgl. UBW-N:8.) Die Zeugenliste dieser Fälschung von 1160(?) entstammt der Urkunde Dlo.III22 in regesta Imperii, Nr. 198 für Riechenberg (VU.I) und mehreren heute verlorengegangenen Privaturkunden des 12. Jahrhunderts. (Vgl. **Reinohl**, F. v.: Die gefälschten Königsurkunden des Klosters Drübeck, in AUF 9 (1929):132- 139, zitiert bei Petke, S. 15: **F**ür die weltlichen Zeugen – darunter Heinricus de Wicha – kommt die Zeit von um 1130 bis etwa 1164 in Betracht. (Vgl. Petke, ebd..)
[288] Vgl. UBH:2.
[289] Vgl. UBL:325, Vgl. Vogt:60.
[290] Vgl. UB Isenburg 9 (1110), zitiert bei Vogt:79.
[291] Vgl. Fenske.
[292] »...*Erkenbertus prefati Heinrici frater de Widaa*... (UBH:4).‹
[293] Vgl. UBW:1; Neumeister:28. **B**ei der Erschließung von Stammbäumen mittelalterlicher Adelsfamilien ist es aufgrund damaliger Namensgebungspraxis [wo mancher-

orts der älteste Sohn zusammen mit dem Titel auch den Vornamen des Vaters erbte, wobei im Falle des vorzeitigen Todes des Erbsohns, dann der nächstälteste Sohn das Erbe und mitunter auch dessen Vornamen erhielt] und nichtzuletzt der schwierigen Quellenlage [oft werden in den Urkunden nur Vornamen genannt] wegen, gang und gebe, bei besonderen, über mehrere Generationen auftauchende gleichen Vornamen [als Leitnamen] gleichsam auch auf ein- und dieselbe Familie zu schließen.

[294] Einschränkend zu diesem Befund muss gesagt werden, dass jene Urkunde von 1162 (UBH:5) verunechtet ist, was jedoch weniger die Zeugenliste tangiert haben dürfte.

[295] UBW-N:8.

[296] Vgl. Förstemann:5.

[297] UBH:2.

[298] UBH:1.

[299] Vgl. Petke, Nr. 501.

[300] UBL:325.

[301] »*Quod in nundinis detheloneo persoluitur, a domina Richenza gloriosa Romanorum imperatrice et fundatrice ceaobii nostri ad luminaria ecclesie statutum est...*« UBL:325.

[302] Vgl. Schütz:159.

[303] Vgl. Brüsch:149.

[304] Vgl. Händel:37f.; Vogt:71.

[305] UBH:4; UB-HDL:5; UBL:173; Dob.I:1477; UB-W:5.

[306] *... capellas ... adiacenti beati memorie Richenza imperatrix dum adhuc viveret ecclesie nostre daturam spopondit, sed quia debitum humani generis pium votum ipsius ipsius impedevit tandem pie matris votum complevit...* (UBH:4)."

[307] Brüsch:148.

[308] Ebd.:149.

[309] Vgl. Hüttenbräuker, zitiert bei Brüsch. Vgl. Händle:37f..

[310] Vgl. Cohn:535.

[311] Vgl. Brüsch:149.

[312] Der These widerspricht jedoch der frühe Tod von dessen Sohn Siegfried IV. i.J. 1144.

[313] Dies dürfte mehr mit der Vorbereitung des bevorstehenden Italienzuges 1136 zu tun gehabt haben.

[314] Vgl. Vogt:60; Jörn:139.

[315] Vgl. UB-HDL:111.

[316] Vgl. Vogt:60.

[317] Danach habe Heinrich von Weida das Thiemswald-Lehen von Heinrich dem Stolzen empfangen. (Vgl. Förstemann:4f..)

[318] Vgl. Jörn:139, 144, 148f..

[319] Vgl. **Hildebrand**, Ruth: Herzog Lothar von Sachsen, Hildesheim, 1986:7, 9, 63f., 114-122.

[320] Vgl. Lamp. Ann. 223: »*Igitur movit exercitus circumquaque ferro et igne depopulans, ... antehac bellis attacta, ut avidissimae plebi castrorum, quae sola spe rapinarum exercitum sequebatur, copia pareret fastidium.*« Die meisten Feldzüge wurden durch Plünderungen finanziert. Berichte über Verwüstungen in den Durchzugsgebieten der Heere sind Legion. Wie sehr auch Heinrich IV. seine Männer unter Kontrolle hatte, er musste seine Verbündeten auf die eine oder andere Art entlohnen.

[321] Gemeint ist hierbei das mit Otto I. erloschene ältere Haus der Orlamünder [949–1067], welches Grafenrechte im Gau Husitin [im Gebiet des heutigen Weimar] und im Altgau besaß. Nachdem sich das neuere Haus Orlamünde 1248 in eine Osterländische [Orlamünde] und eine Thüringische Linie [Weimar] geteilt hatte, verloren die Grafen an Einfluss und unterlagen schließlich der Machtpolitik der wettinischen

Land- und Markgrafen.

[322] Dabei hatte Poppo der Bruder eines Ottos von Orlamünde in ein Geschlecht aus der Krain geheiratet. Sein Nachkomme Udalrich war mit einer bayrischen Adligen vermählt, die kognatisch aus dem Hause der Grafen von Ebersberg stammte. Dieser Udalrich wurde 1058 Mgf. von Istrien und Krain. An ihn fiel der übrige orlamündische Allodialbesitz. Nach Udalrichs Tod 1112 (60 Jahre als Mgf?) machten sich verschiedene sächsische Familien Hoffnungen auf dessen Erbe. (Vgl. Fenske:340f..)

[323] Vgl. ebd.:340.

[324] Vgl. Hildebrand:112-122.

[325] Vgl. **Lange**, Karl-Heinz: Die Stellung der Grafen von Northeim in der Reichsgeschichte des 11. und des frühen 12. Jahrhunderts, in Niedersächsisches Jahrbuch für Landesgeschichte 33 (1961):92f..

[326] Vgl. http/**www.genealogie-mittelalter de/northeim** gf. von.Gertrud von Nordheim.

[327] »*De saxonia cum omnibus appenditis earum: ...Allensteda. Wulfersleda. Warnestada. Walehusen. Tulleda. Ostrorodeba. Werla. Goslaia. Hohenborc. Poleda. Gruona ibi pertinent falkarii regis.*« (Vgl. Kölzer:15; Levison:572f,.; Dob. I: 853; UBL:55.)

[328] Vgl. Jordan:21; Wenzel:41f.;Levison:572-77.

[329] Vgl. Lamp. Ann. 163f..

[330] Vgl. ebd., Nr. 27; Dob.I:339.

[331] Vgl. Dob. I: 654.

[332] Vgl. UBL:118.

[333] Vgl. UBL:141, Dob. I: 1249.

[334] Zu ›Kaisershagen‹ als ehemaligen Bannforst oder einstige Wallanlage siehe die Etymologie von ›Widengehege‹

[335] Ebd.:215.

[336] Vgl. Händle:40.

[337] Sagen von gewesenen Klöstern deuten, wenn nicht auf ehemaligen Klosterbesitz [meist einen Klosterhof (Vorwerk)], so doch auf eine ehemalige Klause, wo sich Monasten in die Einsamkeit zurückgezogen hatten bzw. auf ein kleines Missionskloster, wo zur Zeit der Christianisierung einige Mönche ihr Lager aufgeschlagen hatten.

[338] Petke hielt diesen Passus für nicht verfälscht.

[339] **Ein Stadtoberer von Mühlhausen –namens *H. advocatus* von Weida führte um 1209/30 ebenso wie die Weidaer an der Elster den Vogtstitel. Doch sollte man diese Notiz nicht als Beweis für verwandtschaftliche Beziehungen beider Familien im 12. Jahrhundert ansehen.**

[340] Abgesehen von der Quelle des Arnold von Quedlinburg aus dem 13. Jahrhundert.

[341] **Ein Nebenzweig der Familie von Weida mit oder ohne Vogtstitel scheint im 13. Jahrhundert in den Stadteliten von Mühlhausen bzw. Thamsbrücks aufgegangen zu sein.**

[342] Zumindest das Kloster Homburg war bestrebt, verlorenen Gründungsbesitz zurückzuerlangen. Der Erwerb des Thiemswaldes war vornehmlich dem Holzmangel der Brüder geschuldet. Die Mühlenkäufe des Klosters Volkenroda dienten dem Ziel, den Mahlzins der Umgebung zu bestimmen.

[343] Der in den Naumburger Urkunden im Umfeld des Bischofs auftauchende Heinrich von Weta kann – wie wir schon hörten – auch als Heinrich von Wethau aus einem Nachbarort identifiziert werden.

[344] Allein der Besitz zweier Kapellen in einer ansehnlichen Siedlungen sprechen für eine gewisse Besitztradition und ein bestimmtes Ansehen vor Ort.

[345] Ein möglicher Beweis für die Zugehörigkeit der Ministerialenfamilie von Weida zum Umfeld Kaiser Lothars bzw. seiner Ahnen liegt in jener mit Vorsicht zu genießenden Urkunde von 1130 (UBW-N:8). Wenigstens entstammt die Zeugenliste jenes verfälschten Diploms von 1160(?) einer nicht mehr erhaltenen Urkunde aus der Zeit zwischen 1130 und 1164. Dies impliziert eine weitere frühe Erwähnung derer von

Weida. Allerdings bleibt noch zu klären, inwieweit diese als Dientleute der Süpplingenburger anzusprechen wären. Dafür ist der mögliche Zeitabstand von immerhin 34 Jahren sehr groß. Somit sind wir anhand des Vergleichs mit weiteren Zeugenlisten aus den Diplomen Heinrichs des Löwen eher geneigt, den fraglichen Zeitraum in dessen Ära zu verlegen. Für die weltlichen Zeugen – darunter Heinricus de Wicha – kommt die Zeit von um 1130 bis etwa 1164 in Betracht. (Vgl. Petke, ebd..)

[346] **Trübenbach**, Bruno: Beiträge zur Geschichte der Dörfer des Kreises Langensalza (1941), zitiert bei Rockstuhl:24.

[347] Vgl. Hermann **Gutbier** (1894), zitiert bei Rockstuhl:25.

[348] Vgl. Aussage von Förster **Metz** über **Nürnberger** (29.04.2006), zitiert bei Rockstuhl:26.

[349] Vgl. Schütz:159-62; Meyer von Knonau: 882f..

[350] Vgl. Schmidt: Reußenland:31.

[351] Vgl. Joseph u. Porada:42

Die Reihe Plothener Hefte zur Thüringer Regionalgeschichte

Band 1: Sagenhafte Wanderungen im Land der Tausend Teiche um Plothen, Dreba, Knau, bis nach Crispendorf und Linda – 88 S. Broschürt

Band 2: Die Kirche zu Weira – Kirchgemeinde und Baugeschichte. Festschrift zur Wiedereinweihung der Marienkirche – 64 S. Broschürt

Band 3: Gespenster im alten Gera – Soziologische Untersuchungen zum Geisterphänomen – 104 S. Broschürt

Band 4: Sagenorte und Sagengestalten in der Volksüberlieferung des Orlagaues unter besonderer Berücksichtigung magischer Pflanzen, gespenstischer Tiere und keltischer Flurnamen – 80 S. Broschürt

Band 5: Die Herrschaft der Universität Jena über die Stadt Apolda im 18. Jahrhundert – Ein Rationalistischer Herrschaftsstil? – 72 S. Broschürt

Band 6: Die Jenaer Umgebung als Erinnerungslandschaft – Ästhetisierung und Rezeptionswandel – 104 S. Paperback, ISBN 978-3-743-17616-4

Band 7: Das Kriegsende 1945 in Thüringen aus Sicht der Zivilbevölkerung – 152 S. Paperback, ISBN 978-3-84481-554-2

Band 8: Geschichte und Geschichten aus dem Orlagau – Eine alte Kulturlandschaft stellt sich vor – 96 S. Broschürt

Band 9: Eine kleine Geschichte der Landwirtschaft in Ostthüringen unter besonderer Berücksichtigung des Saale-Orla-Kreises – 128 S. Broschürt

Band 10: Der Dreissigjährige Krieg in Thüringen [1618-1648] – Östlicher Teil: Reuß, Schwarzburg, Orlagau, Holz- und Osterland, 396 S. Paperback, ISBN 978-3-74129-289-7

Band 11: Eine kleine Geschichte der Jagd und des Waldes im Saale-Orla-Kreis – 80 S. Broschürt

Band 12: Kamen die Reußen von der Unstrut? – Das Kloster Homburg bei Bad Langensalza und seine Gründer – 96 S. Paperback, ISBN 978-3-74317-635-5

Band 13: Fackeln des Krieges – Nordischer Krieg [1700-1721], Siebenjähriger Krieg [1756-1763] und Napoleonische Kriege [1806-1815] an Saale, Orla und Wisenta, 192 S. Paperback

Band 14: Geheimnisse der Vorzeit im Orlagau – Von den Jägern und Sammlern der Urzeit bis zu den Kelten – 116 S. Broschürt

Band 15: Waldlandvölker – Germanen und Sorben im Saale-Orla-Raum – Vom Leben im Ersten Jahrtausend nach Christi – 2 Teilbände: 60/68 S. Broschürt

Band 16: Die Geschichte der Arbeiterbewegung im Fürstentum Reuß älterer Linie – Ziviler Ungehorsam im 19. Jahrhundert – 80 S. Paperback, ISBN 978-3-74317-627-0

Band 17: Wie dunkel war das Mittelalter? – Der Saale-Orla-Raum vom Mittelalter bis zur Frühneuzeit [899–1567] – 116 S. Broschürt

Band 18: Zwischen Heil und Verdammnis – Christianisierung und Reformierung im Saale-Orla-Raum [950–1590] – Eine etwas andere Kirchengeschichte, 104 S. Bro.

Band 19: Abschied von der alten Saale – Beiträge zur Wirtschafts-, Sozial- und Alltagsgeschichte von Oberland und Orlasenke, Band 1, 344 S. Paperback [Sammelband der Folgen 11, 22, 23, 24, 25], ISBN 978-3-8448-0813-1

BAND 20: Krobitz im Wandel der Zeiten – Festschrift zum 400jährigen Jubiläum der Wiederaufrichtung der St. Annenkapelle – 88 S. Broschürt

Band 21: Landes Chronica des Saale-, Orla- und Wisenta-Raumes – Von den Besiedelungsanfängen bis zur Wende des 16. Jahrhunderts– 400 S. Paperback [Sammelband der Folgen 14, 15, 17, 18]

Band 22: Alte Bergwerke und Goldseifen im Saale-Orla-Raum – Wissenswertes über eine vergessene Bergbauregion ans Licht gebracht – 64 S. Broschürt

Band 23: Mühlen, Hammerwerke, Schmelzhütten an Saale und Orla – Zur regionalen Industriegeschichte in ›Händischer Zeit‹ – 64 S. Broschürt

Band 24: Alte Handelsstraßen und Floßverkehr im Saale-Orla-Raum – 60 S. Broschürt

Band 25: Die Stadt und ihre Nachbarschaft – Urbane Strukturen im Neustädter Kreis und im Reußischen Oberland während der Frühneuzeit – 80 S. Broschürt

Band 26: Von alten Bräuchen und Festtagen im Saale-Orla-Kreis – 88 S. Broschürt

Band 27: Rittergüter im Saale-, Orla- und Wisenta-Raum – Entstehung, Machtentfaltung, Untergang – 180 S. Paperback

Band 28: Sagen und Altertümer in Neustadt/Orla und Umgebung – 116 S. Paperback

Band 29: Sagen und Altertümer um Ziegenrück – 52 S. Broschürt

Band 30: Sagenhafte Wanderungen im Saale-Orla-Kreis, Band 1: Ziegenrück, Land der Tausend Teiche, Neustadt/Orla und Umgebung, 308 S. Paperback [Sammelband der Folgen 1, 4, 29, 30], ISBN 978-3-8482-0912-5

Band 31: Weyrische Chronik, Band 1: Das Dorf Weira und seine nähere Umgebung in Geschichte und Gegenwart – 288 S. Paperback

Band 32: Weyrische Chronik, Band 2: Beiträge zur Wirtschafts-, Schul- und Kirchengeschichte sowie zur Ortsflur und zur Infrastruktur von Weira – mit dem Weiraer Haus- und Familienbuch – 264 S. Paperback

Band 33: Harry Blöthner: Meine Lebenswege [1924-1948] – 72 S. Paperback

Band 34: Sagenhafte Wanderungen in der Aga-Hochebene und im südlichen Lößhügelland von Steinbrücken nach Pölzig – 60 S. Broschürt

Band 35: Sagenhafte Wanderungen von Langenberg durch das Brahmetal nach Bethenhausen – 68 S. Broschürt

Band 36: Sagenhafte Wanderungen um Bad Köstritz, Crossen u. Umgeb. – 68 S. Broschürt

Band 37: Sagenhafte Wanderungen im Bundsandsteingebiet westlich der Weißen Elster durch den Saarbach-, Erlbach-, Weißiger Grund – 88 S. Broschürt

Band 38: Sagenhafte Wanderungen in Ronneburg und Umgebung sowie durch das Gessental nach Pforten – 80. S. Broschürt

Band 39: Sagenhafte Wanderungen im Geraer Becken, Erster Teil: Das Gebiet westlich der Weißen Elster mit dem Stadtwald – 68 S. Broschürt [Zusammen mit Band 40 auch als Paperback 100 S.]

Band 40: Sagenhafte Wanderungen im Geraer Becken, Zweiter Teil: Das Gebiet östlich der Weißen Elster mit dem alten Gera – 96 S. Broschürt

Band 41: Sagenhafte Wanderungen in Weida und Umgebung – 96 S. Paperback

Band 42: Sagenhafte Wanderungen in Triptis, Auma und Umgebung – 80 S. Paperback

Band 43: Eine sagenhafte Wanderung auf der Hochebene nördlich von Oettersdorf – 72 S. Paperback

Band 44: Sagen und Altertümer aus Schleiz und Umgebung – 100 S. Paperback

Band 45: Sagenhafte Wanderungen in Tanna und Umgebung – 68 S. Broschürt

Band 46: Sagenhafte Wanderungen um Gefell, Hirschberg und Blankenberg – 68 S. Paperback

Band 47: Sagenhafte Wanderungen in der Gemeinde Remptendorf und auf den Saale- und Sormitzhöhen – 68 S. Broschürt

Band 48: Sagen und alte Geschichten aus Saalburg-Ebersdorf und Umgebung – 80 S. Bro.

Band 49: Sagenhafte Wanderungen durch die Saale-Rennsteig-Region: Blankenstein und Umgebung – 48 S. Broschürt

Band 50: Sagen und Altertümer aus Bad Lobenstein und Umgebung sowie aus der Erinnerungslandschaft um ›Saalpolynesien‹ – 60. S. Broschürt

Band 51: Sagenhafte Wanderungen im Raum Wurzbach, im Sormitztal und im [Thüringischen] Frankenwald – 56 S. Broschürt

Band 52: Sagenhafte Wanderungen in Ranis und Umgebung, Teilband 1: Stadt und Burg Ranis mit den Zechsteinriffen um Brandenstein – 84 S. Broschürt

Band 53: Sagenhafte Wanderungen in Ranis und Umgebung, Teilband 2: Die Dörfer zwischen Ranis und der Oberen Saale – 84 S. Broschürt

Band 54: Sagenhafte Wanderungen um Krölpa und in den Wäldern der Heide – 64 S. Broschürt

Band 55: Sagen und Altertümer aus Pößneck und Umgebung – 88 S. Broschürt

Band 56: Sagenhafte Wanderungen in der Verwaltungsgemeinschaft Oppurg; Teil 1: Von Oppurg über die Heidewälder nach Langenorla und Kleindembach – 80 S. Broschürt

Band 57: Sagenhafte Wanderungen in der Verwaltungsgemeinschaft Oppurg; Teil 2: Von Wernburg über die Bahrener Höhe nach dem Weiraer Wald – 88 S. Broschürt

Band 58: Sagen und Altertümer von den Zechsteinriffen der Orlasenke – 88 S. Broschürt

Band 59: Sagenhafte Wanderungen zwischen Saale und Ilm östlich von Leutenberg – 68 S. Broschürt

Band 60: Sagenhafte Wanderungen um Schloss Burgk und seine Umgebung – 56 S. Broschürt

Band 61: Thüringer Fürsten und ihre Residenzen im 18. Jahrhundert: Coburg, Ebersdorf, Eisenberg, Gera, Gotha, Greiz, Köstritz, Lobenstein, Neustadt/O., Rudolstadt, Saalfeld, Schleiz, Weida, Weimar, Zeitz u.a. – 200 S. Paperpack, ISBN 978-3-74317-622-5

Band 62: Harry Blöthners Weiraer Familienbuch – Familien in Weira [1850-1950], 100 S. Paperback

Plothener Hefte Sammelausgaben:

Alexander Blöthner:
Beiträge zur Wirtschafts-, Sozial-und Alltagsgeschichte des Saale-, Orla- und Wisenta-Raumes

Band 1: **Wie es damals bei uns war** *– Eine Geschichte der Landwirtschaft und des Dorflebens, der Sitten und Gebräuche, der Bauernhöfe und der Rittergüter im Land zwischen Saale und Orla.*   *ISBN 978-3-73478-731-7, 644 S.* Paperback

Band 2: **Abschied von der alten Saale** *–Geschichte der Jagd und der Waldwirtschaft, des Bergbaus, der Mühlen, der Hammerwerke und Schmelzhütten – Flößereiwesen – Alte Handelswege und früherer Verkehr – Zur Entwicklung unserer Städte.*
ISBN 978-3-84480-813-1, 344 S. Paperback

Alexander Blöthner:
Sagenhafte Wanderungen im Saale-Orla-Kreis
Schlösser – Kirchen – Mühlen – Hammerwerke – Hochöfen – Höhlen – Keltische Flurnamen – Brauchtum – Archäologische Fundstätten – Kraftorte – Kultplätze

Bd 1: **Land der Tausend Teiche, Ziegenrück, Neustadt/Orla und Umgebung**
ISBN 978-3-84820-912-5, 308 S. Paperback

Bd 2: **Triptis, Schleiz, Tanna, Gefell, Hirschberg und Umgebung**
ISBN 978-3-73224-915-2, 312 S. Paperback

Bd 3: **Lobensteiner Land mit Saalburg-Ebersdorf, Remptendorf und Umgebung**
ISBN 978-3-73228-768-0, 320 S. Paperback

Bd 4: **Untere Orlasenke mit Ranis, Pößneck, Oppurg und Umgebung**
ISBN 978-3-73229-472-5, 408 S. Paperback

Alexander Blöthner:
Mythen und Legenden aus dem Geraer Raum
Sagen und Altertümer – Rittergüter und Kirchen – Alteuropäische Flurnamen – Fundstätten und Kultplätze   *ISBN 978-3-73223-148-5, 400 S.* Paperback

Alexander Blöthner:
Magische Orte in Leipzig und Umgebung
Sagen und Mythen, Legenden und Altertümer, Vorzeitliche Flurnamen Fundstätten, Heidnische Kult- und Kultverdachtsplätze,   2 Bände:

Band 1: **Das Stadtgebiet von Leipzig mit den alten und neuen Vororten**
ISBN 978-3-74129-290-3 276 S. Paperback

Band 2: **Die nähere und weitere Umgebung von Leipzig** mitsamt der Tieflandsbucht zwischen Weißer Elster und Zwickauer Mulde, von der Dübener Heide bis zum Zeitz-Altenburger Lößhügelland   *ISBN 978-3-74129-291-0, 352 S.* Paperback

Alexander Blöthner:
Der Dreissigjährige Krieg in Thüringen [1618–1648]
Östlicher Teil: Reuß, Schwarzburg, Orlagau, Holz- und Osterland
ISBN 978-3-74129-289-7, 396 S. Paperback

❖❖

Alexander Blöthner:
Geschichte des Saale-Orla-Raumes: Oberland und Orlasenke
Band 1: *Eine LandesChronika von den frühesten Anfängen der Besiedlung bis 1599*
ISBN 978-3-74315-120-8, 420 S. PAPERBACK, 75 BILDER

Der Saale-Orla-Kreis zählt zu den schönsten, als auch zu den historisch bedeutendsten Regionen Thüringens. Vorzeitliche Funde, Burgen und historische Bauten finden sich hier in einer Zahl wie sonst nur noch im Rheintal. Eine Erinnerungslandschaft, die sich durch Vielfalt und Verschiedenartigkeit auszeichnet. Dieses ausgesprochen spannende, durch und durch mystische Buch geht zurück zu den Wurzeln des Landes und läßt die alten Tage wieder auferstehen. Heimatinteressierte und Besucher seien einladen, die Geschichte dieses Landes in neuem Licht zu sehen. Am Puls der Zeit geschrieben, finden Sagen, alte Geschichten und neueste wissenschaftliche Erkenntnisse übersichtlich in einem Werk zusammen. Jetzt am Beginn eines neuen Zeitalters findet sich im Bekannten die Kraft für das Neue. Packend und augenzwinkernd zugleich wird der Leser gleichsam auf jene Aspekte hingewiesen, die wieder und wieder, in ständig wechselnder Verkleidung das Leben der Menschen von jeher bestimmten und wohl auch in Zukunft bestimmen werden.

❖❖

Alexander Blöthner:
Geschichte des Saale-Orla-Raumes: Oberland und Orlasenke
Band 2: *Eine LandesChronika des 17. und 18. Jahrhunderts mit dem 30jährigen Krieg [1600-1648], dem Zeitalter des Absolutismus und der fürstlichen und gräflichen Residenzen in der Region, dem Nordischen Krieg [1700-1721], dem Siebenjährigen Krieg [1756-1763] bis hin zum Ende der Napoleonischen Zeit 1815*
ISBN 978-3-74312-886-6, 660 S. PAPERBACK

Ein emotional tief bewegendes Zeitbild, nicht nur über die bedeutenden Akteure der großen, damals stattgefundenen Zeitdramen, die zu dieser Region immer wieder in Beziehung getreten sind, sondern auch von den kleinen Leuten, über deren Geschicke die große Geschichtsschreibung früher immer wieder hinweggegangen ist.

❖❖

Alexander Blöthner
Wiprecht von Groitzsch und Kaiser Heinrich IV. – Der Aufstieg eines Ritters im 11. Jahrhundert

Eine Untersuchung zur Entstehung von Gefolgschaftsverhältnissen und zur Herausbildung des Hochadels während des Investiturstreits im 11./12. Jahrhundert
152 S. PAPERBACK, ISBN 978-3-92637-047-1

Das in der Pegauer Klosterchronik überlieferte abenteuerliche Leben des Wiprecht von Groitzsch [1050-1124] hat die Menschen der Neuzeit seit jeher fasziniert.
In dieser Figur vereint sich das ganze Repertoire der scheinbaren Widersprüche, mit welchen die Nachwelt das Hochmittelalter beurteilt. Wiprechts Taten schwanken zwischen skrupelloser Gewalt und Reue, zwischen Buße und Pragmatismus, zwischen Kirchenschenkungen und Eigennutz hin und her. Sein Leben ist von Höhen und Tiefen gezeichnet. Aus kleinen Anfängen schwingt er sich zum Herrn einer ganzen Landschaft empor. Dann verliert er alles und verbringt Jahre im Kerker. Selbst in hoffnungsloser Situation gibt er nicht auf. Am Ende gewinnt er alles zurück und mehr noch dazu. Das vorliegende Buch möchte dem Leser tröstlich vor Augen führen, dass auch frühere Zeiten von Umbrüchen gezeichnet waren und die Menschen seit jeher oft genug furchtsam in eine ungewisse Zukunft geschaut haben.

❖❖

Tannhäuser